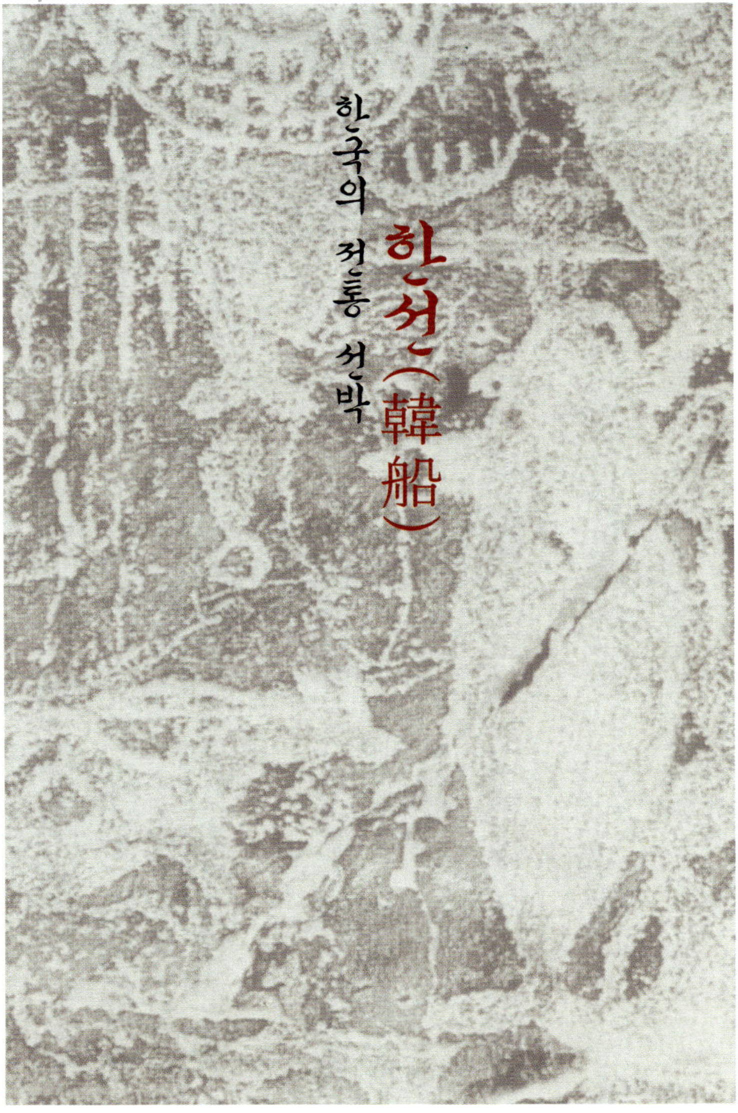

한국의 전통 선박

한선(韓船)

한국의 전통 선박

한선(韓船)

최완기 지음

우리 문화의 뿌리를 찾아서를 펴내며

한국의 전통 문화를 세계화하고자 하는 의도에서 기획된 '우리 문화의 뿌리를 찾아서' 시리즈는 우리 문화의 독특함과 보편성을 다양한 분야에서 연구한 성과들을 국내외에 소개함으로써 세계 속에서 한국 문화의 위상과 학문적 경쟁력을 높이는 데에 그 목적이 있다.

한글과 영어로 발간되는 이 시리즈는 지나치게 학술적인 경향이나 단순한 안내서의 수준을 지양하고 한국의 전통 문화를 이루는 근간을 다양한 사진 자료를 통해 세부적으로 집중 조명해 봄으로써 우리 문화를 폭넓고 깊이 있게 이해할 수 있도록 하는 데에 그 특징이 있다.

이 시리즈는 또한 현대 문명이 유발한 문제점들을 치유하는 대안이 한국의 전통 문화의 본질 속에 들어 있다는 것을 깨닫게 함으로써 세계인들이 한국 문화의 우수성을 올바로 이해하는 데에 크게 기여할 것이다.

2006년 2월

이화여자대학교출판부

책머리에

왜 사람들은 배를 만들었을까? 우리 조상들은 언제부터 배를 타고 다녔을까? 그 배는 어떻게 만들어졌을까? 잘 알려진 바와 같이 한반도는 3면이 바다로 둘러싸여 있고, 산악이 많아서 골짜기 골짜기에서 물이 솟아나 그것이 내를 이루고 큰 강을 형성하였다.

우리 민족은 이와 같이 바다와 강에 인접한 자연 환경을 극복하기 위하여, 또한 삶을 보다 지혜롭게 가꾸기 위하여 그 수단으로서 배를 고안해 냈다. 각 지방마다 환경과 용도에 따른 다양하고 독특한 모습의 배들이 출현하였는데 예컨대 강원도의 뗏목, 한강의 황포돛배, 제주도의 티우, 남해의 통선 등이 바로 그러한 배들이다. 여객과 화물이 이들 배에 의해 운반되었고, 사람들은 배를 타고 고기잡이를 하거나 해산물을 채취하였다.

지난날 우리 조상들이 만들어서 사용해 온 배는 그들이 겪은 삶의 과정들을 슬기롭게 극복하는 과정에서 이루어진 결과이기에, 다른 지역의 배와는 명확히 구분되는 독특한 형태와 구조를 지니고 있다. 그러한 우리의 배를 한선(韓船)이라고 한다면, 한선의 성장 변화의 과정은 곧 우리 민족의 성장 변화의 과정이라고도 할 수 있다. 그만큼 배는 우리의 삶과 매우 밀착되어 있었다고 하겠다. 따라서 우리의 삶을 또 다른 측면에서 올바르게 성찰하기 위해서도 한선의 만듦새와 쓰임새를 이해하는 것이 대단히 중요하다고 본다.

기술과 능력이 발전하면서 노를 젓던 배에 돛이 달리고, 증기 기관이 발명된 이후 동력선이 선보여 오늘에 이르고 있다. 오늘날에도 대부분의 화물은 배로 운반되고 그 주역을 한국인이 맡고 있다. 한국인의 조선 기술은 세계적이며, 그 운항 솜씨도 세계적이다. 그것은 어찌 보면 전통의 발전적 계승이라고 할 수 있다.

삶을 보다 바람직하게 증진시키는 일은 사람들이 그 지혜와 능력을 어떻게 살려내느냐 하는 데에 달려 있다. 지금까지 우리 조상들은 열심히 자신의 삶을 살면서, 그 삶을 보다 증진시키고자 여러 모로 노력해 왔다. 우리는 그 하나의 징표를 한선의 만듦새와 쓰임새에서 엿볼 수 있다.

이 책에서는 한선의 만듦새와 쓰임새를 통해 우리 민족의 삶, 특히 그 노력을 살펴보고자 한다. 물론 여기에는 선학들의 연구, 특히 김재근 · 이원식 선생의 독보적 연구가 큰 도움이 되었다. 이 글은 그분들의 연구가 없었다면 이루어질 수 없었다고 하겠다. 그리고 이 책을 마무리하면서 곁에서 항상 필자에게 격려를 아끼지 않은 전인영 교수에게 깊은 감사를 드린다.

지은이

차례

한국의 전통 선박 한선(韓船)

Ⅱ. 한선의 쓰임새

Ⅰ. 한선의 만듦새

1. 왜 배를 만들었을까?
2. 판대기 무이, 그리고 노와 돛
3. 다양한 배들

선사 시대의 고기잡이 경남 울주군 반구대 암각화

1. 왜 배를 만들었을까?

오늘날의 인간은 바다 깊은 곳에서 무한정 광물을 캐내고, 하늘을 마음대로 날아다니며, 우주를 정복하려고 그 힘을 뽐내고 있다. 아주 먼 옛날, 인간이 지구상에 처음 생겨났을 때에도 지금처럼 힘센 존재였을까? 그렇지 않았다. 원시 시대의 초기 인간은 자연 앞에서 아무런 힘도 쓰지 못하는 나약한 존재였다.

인간이 처음 삶을 시작한 곳은 숲 속이었는데 그곳에는 먹을 만한 나무 열매들이 많았다. 인간은 나무 위에 거처를 마련하여 맹수로부터 자신의 몸을 보호해야 했다. 나무 열매 중에는 호두처럼 겉이 단단하여 돌이나 막대기로 껍질을 깨뜨려야만 먹을 수 있는 것들이 많아서 그 단단한 껍질을 깨고 속에 든 알맹이를 먹기 위해 인간은 나무 위에서 내려왔다.

땅으로 내려오니 먹을 것이 더 많았다. 떨어진 열매뿐 아니라 풀뿌리나 개구리 · 두더지 등도 맛이 있었다. 이러한 먹거리에 익숙해지면서 인간은 아예 땅에 내려와 살았다. 두 발로 걸어다니면서 도구를 사용하여 먹이를 구하게 된 인간은 맹수들과 싸우기 위해 창 · 칼 · 도끼 · 활 등을 만들어 냈다. 물론 이렇게 되기까지에는 오랜 시간이 걸렸다.

숲 속에서 나온 인간은 먹을 물이 풍부하고 햇볕이 잘 드는 물가에서 살게 되었다. 물 속에서 잡은 물고기나 조개들은 열매나 풀뿌리와는 색다른 맛이었지만 사람의 키를 훨씬 넘는 물 속은 시퍼렇고 위험해 보였다. 계곡의 물살은 빠르고 세차서 커다란 바위도 떠내려갈 정도였다. 사람들은 물가에 이르러 여기저기를 탐색하고 다녔지만, 물 속으로는 들어가려 하지 않았다. 들어갈 수가 없었다. 이 시기 사람들은 자연히 뭍에서만 살아야 했다.

강변에 삶의 터전을 마련하고 살던 어느 해에 큰비가 왔다. 거센 바람과 함께 며칠 동안 밤낮으로 큰비가 내려 강물이 넘쳐나고 나무들이 떠내려갔다. 하늘에서는 천둥과 번개가 요란하였고, 벼락을 맞아 움막 근처의 큰 나무가 우지끈 소리를 내며 쓰러졌다.

멧돼지 같은 맹수는 겁나지 않았지만, 하늘에서 내리는 폭우 · 천둥 · 번개 · 벼락에 대하여는 속수무책이었다. 사람들은 겁에 질려 움속에서 꼼짝도 하지 않았다. 다음날 아침이 되니 언제 그랬느냐는 듯이 하늘이 말끔하게 갰다. 사람들은 정신을 차리고 둑 위로 올라가 보았다. 누런 흙탕물이 용틀임을 하며 세차게 흘러가고 있는 중에 바위가 굴러가고, 커다란 나무 토막이 떠내려갔다. 그런데 자세히 살펴보니 나무 토막 위에 강아지 · 다람쥐 등이 올라앉아 있었다. 그들은 물에 빠지지 않았다. 뿌리가 뽑힌 채 떠내려가는 커다란 나무 위에는 곰도 올라타 있었다.

떼배

홍수에 떠내려가는 통나무를 보고서 원시인들은 나무가 물에 뜬다는 사실을 알았다. 더구나 그 위에 강아지 · 다람쥐 · 곰 등이 올라탄 모습을 보고 사람이 타도 물에 빠지지 않을 것이라는 생각을 하였다. 벼락에 쓰러진 나무 토막을 물에 띄우고 그 위에 올라가 보았더니 정말로 가라

페루의 갈대배

앉지 않고 잘 떠내려갔다. 손으로 물을 휘저어 그들은 강 저편 기슭으로 건너갔다. 그러나 둥근 통나무는 균형을 잡지 않으면 미끄러워서 물에 빠지기 쉬웠다.

어떻게 하면 미끄러지지 않고 안전하게 물 위를 떠갈 수 있을까. 두 개의 통나무를 칡덩굴로 나란히 묶어 물에 띄우고 그 위에 올라가보니 기우

제주도 떼배

울릉도 떼배

뚱거리지도 않고 미끄러지지도 않았다. 여러 사람이 올라타도 끄떡 없었다. 이러한 방법은 근래에까지도 쓰였는데, 통나무 하나로 물을 건널 때는 부목이라 하고, 여러 개의 통나무를 엮어서 만든 것을 뗏목이라 한다. 인간이 최초로 만들었다고 하는 배는 뗏목의 일종으로서, 서기전 5000년경에 이집트의 나일강에서 파피루스를 엮어 만든 갈대배라고 한다.

뗏목은 떼 또는 떼배라고도 하는데 사람들이 손쉽게 만들 수 있어 오랫동안 이용되었다. 그러나 분명하게 구분한다면 뗏목과 떼배는 다르다. 뗏목은 산 속에 있는 통나무 목재를 강의 상류에서 하류로 운반하기 위해 만든 것이다. 지금부터 약 1백년 전까지만 하여도 압록강 · 두만강 · 한강 등의 상류에서는 커다란 나무들을 벌목하여 뗏목으로 만들어 하류로 떠내려 보냈고, 하류에서는 이들 나무를 자르고 켜서 목재로 썼다. 이에 대하여 떼배는 통나무 서너 개를 칡이나 나무 넝쿨로 엮어서 물에 띄워 노를 저으면서 타고 다닌 배였다. 그 쓰임새로 본다면 떼배만이 배라고 할 수 있다.

제주도나 강릉 지방에서는 아직도 떼배를 사용하고 있다. 이것을 제주도에서는 태우라 하고, 강릉 지방에서는 토막배라 한다. 사람들은 이 배를 이용하여 미역과 같은 해조류를 채취하거나, 돛을 달아 섬과 섬 사이를 왕래하였다. 이들 떼배는 넝쿨로 엮어서 만든 옛날의 떼배보다는 만듦새가 정교하고 튼튼하다. 통나무를 잘 다듬거나 각목으로 만들어 다섯 개 내지 여덟 개를 나란히하여 엮는데, 통나무 옆구리에 네모진 구멍을 파내고 길다란 나무 창인 가새를 꿰뚫어 박아 그 사이가 벌어지지 않게 하였다.

떼배의 배 밑은 평평하여 만조 때 밀물을 타고 갯가로 들어와서 간조인 썰물 때는 그대로 갯바닥에 편하게 닿을 수 있었다. 사람들은 떼배를 타고 바닷가 연해에서 해조류를 채취하거나 그물을 이용하여 고기잡이를 하였다. 떼배 가운데에 돛대를 세우고 돛을 매달아 바람의 힘에 의해 멀리까지 가기도 하였으나, 보통은 노를 저어서 배를 부렸다.

통나무 배

떼배는 여러 개의 통나무를 엮어서 만들었기 때문에 배가 무겁고 부리기 힘들었다. 사람들은 보다 편하고 빠르게 갈 수 있는 배를 생각하게 되었다. 더구나 돌로 된 연장을 쓰다가 쇠붙이로 만든 도끼 · 칼 · 자귀 등을 사용하게 되면서 나무를 원하는 대로 쉽게 다듬을 수가 있게 되었다. 사람들은 도끼나 톱으로 큰 통나무를 다듬어서 반으로 쪼갰다. 그 다음 반쪽의 통나무에서 가운뎃부분을 도끼로 파내 구유처럼 만들었다. 물에 띄워 저어 보니 빨리 나아가고 부리기가 편하였다. 그렇게 하여 외쪽 통나무배가 생겨났다.

그런데 외쪽 통나무배는 너비가 좁기 때문에 뒤집힐 염려가 있으므로 뱃전 옆에 널판대기를 덧붙여 사용해 보니 엎어질 염려가 거의 없게 되었다. 그렇다고 해도 외쪽배에는 한두 사람밖에 탈 수 없었고, 짐도 많이 실을 수 없었다. 그래서 생겨난 배가 쌍쪽배와 두쪽배였다. 쌍쪽배는 외쪽으로 된 통나무배 두 개를 짝지어 붙인 것이고 두쪽배는 두 토막의 통나무 속을 'ㄴ' 자와 'ㅢ' 자 모양으로 파내어 배 밑을 이어 붙인 것이다. 쌍쪽배나 두쪽배는 외쪽배에 비해 뒤집힐 염려가 적었고, 짐도 많이 실을 수 있었다.

쌍쪽배보다는 두쪽배가 더 널리 쓰였는데, 두쪽배는 양쪽 뱃전에 구멍을 뚫고 가로다지로 나무 창을 꽂아 벌어지지 않게 하였다. 그 후 두

경주 안압지에서 출토된 통일신라 시대의 통나무 배 국립경주박물관

이 배는 세 쪽으로 구성되었는데 우선 통나무배를 반으로 가르고 사이에다 밑판을 하나 더 넣은 형태로서 밑부분은 편평하게 깎아내었다. 이것은 아무 장식도 없는 간단한 구조였지만, 가장 오래된 실물 배로서 우리 배 구조의 기원을 알 수 있는 자료이다. 사용한 나무는 세 쪽 모두 소나무였으며 함께 출토된 노도 같은 종류의 소나무였다. 지름 약 60cm의 그리 크지 않은 원목을 베어다 쓴 것으로 보이며, 소나무를 쓴 이유는 비교적 가벼우면서 물속에서 오래 버티기 때문일 것이다.

안압지에서 출토된 배의 복원 그래픽 코리아비주얼스

통나무배

날개를 단 배

쌍쪽배

두쪽배

여러 가지 통나무 배　이윤희 그림

쪽배에서 세쪽배로 발전하였는데, 세쪽배는 두쪽배의 두 통나무 사이에 같은 두께의 통나무로 속을 파낸 쪽을 끼우고 옆으로 이어 붙인 것이다. 경주 안압지에서 찾아낸 통나무배는 세 쪽으로 무어졌는데, 앞과 뒤 양쪽의 뱃전에 구멍을 뚫고 가운뎃쪽의 통나무 가운데에 고리 구멍을 만들어 여기에다 가로다지 나무 창을 꽂아 세 쪽의 통나무가 벌어지지 않게 하였다.

신라 때는 이러한 세쪽배가 만들어져 짐배 · 나룻배 등으로 이용되었는데, 세쪽배의 만듦새는 판대기배의 원초적 모습으로서 점차 투박한 모습을 벗어나고 있다. 이원식 씨는 그의 연구에서 통나무 배는 처음 외쪽배에서 쌍쪽배, 이어서 세쪽배로 발전하였고, 그것이 결국 구조선인 판대기배로 발전하였다고 한다.

판대기배

철판으로 배를 만들기 전에는 나무 판대기로 배를 만들었다. 나무 판대기로 만들었다 하여 판대기배라 하고 나무로 널판대기를 만들어 이어 붙여 꾸민 배라고 하여 구조선이라고 한다. 판대기배는 쇠붙이로 된 연장을 다양하게 개발하여 나무를 마음대로 다룰 수 있게 되면서 만들게 되었다. 톱으로는 통나무를 얇게 켜고, 송곳으로는 나무에 구멍을 뚫고, 끌로 나무못을 만들어 장도리로 구멍에 못을 박았다.

나무 판대기 여러 장을 나란히 이어 붙여 배 밑을 꾸미고 가로다지로 나무 창인 가새를 꽂아 벌어지지 않게 하였다. 양쪽의 뱃전에도 삼판 또는 외판이라고 하는 판대기를 배 밑에서부터 차례로 붙여 올라갔다. 외판은 처음에는 세 쪽이다가 그 후 다섯 쪽, 일곱 쪽으로 늘어나 배가 커

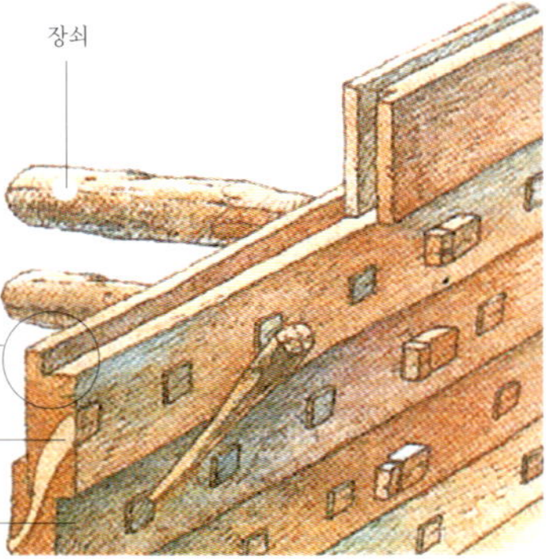

삼판과 피새 『배무이』, p. 21.

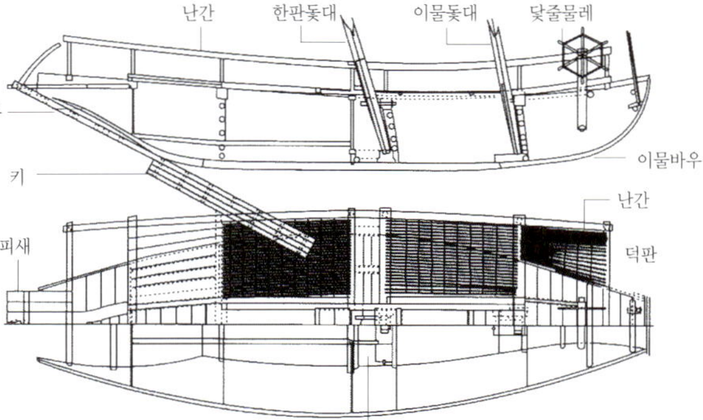

졌다. 외판을 이을 때는 아래 뱃전의 윗면에 'ㄴ' 자 모양으로 턱을 따내고 윗 뱃전을 겹쳐서 무어 올렸다. 뱃전을 연결할 때는 참나무 못을 박아 떨어지지 않게 하였는데 이를 피새라 하였다. 이어서 앞과 뒤의 공간도 얇은 판대기로 대어 막아 탈 수 있게 하였다.

배 위쪽에는 대들보와 같은 멍에를 얹어 놓고, 멍에 아래의 뱃전에 구멍을 뚫어서 장쇠를 걸어 배가 좌우로 벌어지거나 찌그러지는 것을 막았다. 배 가운데에는 큰 멍에를 얹어 멍에에 기대어 돛대를 세우고 돛을 달았다. 그리고 뱃머리인 이물에는 선멍에 또는 떡판을 얹어 배에 오르내리기 편하도록 하였다. 이렇게 하여 판대기배가 만들어졌으니, 사람들은 쓰임새에 따라 크기와 모양을 마음대로 만들 수 있게 되었다.

이와 같은 배 만듦새는 다른 나라와는 다른 것으로서, 우리 조상들이 지형에 맞게 독특하게 개발한 것이다. 특히 판대기 이음새에 물막이를 하는 방법은 우리 민족의 독자성을 보여주는 것이다. 즉, 삼나무의 껍질을 비벼서 또는 대나무의 속을 긁어 손으로 비벼 판대기의 틈새를 막고, 그 위에 백회와 콩기름을 섞어서 발라 선체에 물이 스며드는 것을 막았는데, 이를 밥을 친다고 하였다. 또 콩기름을 끓여서 뱃전에 바르기도 하였다.

고대인들의 배

우리 조상들이 배를 만들어 물건을 싣고 다니면서 장사를 했던 기록은 중국 고대의 자료인 『위지 한전』에 처음 보인다. 이 기록에 의하면, 마한의 주민들은 배를 타고 오가며 장사를 했으며, 변진에서는 철이 생산되어 일본 · 중국 등과 거래를 했다고 하였다. 이들 고대 한국인들이 타고 다닌

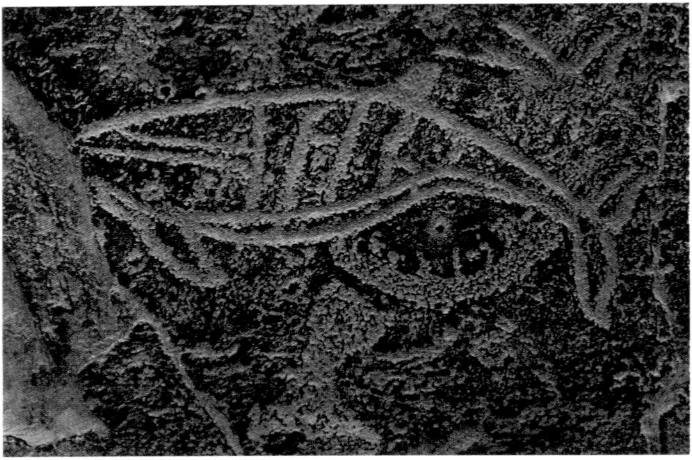

고기잡이 배

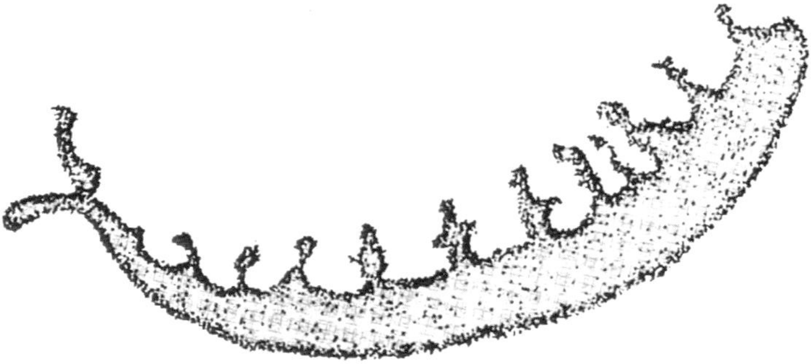

배와 어부들

배가 어떠한 모양이었고, 그 크기가 어느 정도였는지는 자세히 알 수 없다. 우리 나라에서 가장 오래된 배의 모습은 경상도 울주군 언양면 대곡리에서 발견된 청동기 시대의 암각화에서 볼 수 있다. 배의 이물 부위와 고물 부위가 솟아올라 있고 그 안에 여러 사람들이 타고 있다. 근처에 고래 같은 것들이 그려져 있어, 이 배가 고래잡이배였을 가능성이 크다.

김해 지방과 경주 지방에서 발견된 가야와 신라의 유물에서 우리는 보다 구체적인 모양새의 일부를 찾을 수 있다. 토용 또는 토기의 형태로 발견된 이 유물은 통나무배의 모양을 하고 있다. 바닷가나 강가에서 활동하면서 이 시기의 사람들은 통나무를 반으로 쪼갠 다음 구유처럼 그 속을 파내어 배로 이용하였던 것이다. 지혜가 발달하면서 우리 조상들은 보다 튼튼한 배를 만들어 멀리까지 항해하였다.

우리 조상들은 삼국 시대에 이르러서는 보다 활발하게 바다에서 활약하였다. 고구려 · 백제 · 신라 그리고 가야가 각축을 벌이면서 부지런히 바다를 건너 중국이나 일본과 교류하였고, 또 그곳에서도 사람들이 배를 타고 와서 물건을 거래하였다. 이 시기 우리 조상들은 서해를 안마당으로 하여 중국 · 일본 · 한반도를 마음대로 오가며 장사를 하고 문화를 전파하기도 했다. 특히 백제나 가야 사람들은 바다를 통해서 중국이나 일본과 활발히 교류하였다.

우리 조상들은 배를 개량하면서도 외국의 배를 무조건 모방한 것이 아니라 옛부터 부려 온 배의 기본 형태를 그대로 살리면서 보다 크고 안전한 배를 만들고자 했다. 1975년 경주 안압지에서 발굴된 통일신라 때 만들어진 통나무배는 통나무 세 개를 연결한 매우 간단한 구조로 되어 있지만, 모양새는 뒷날의 판대기배와 거의 비슷하다. 재료는 소나무이고 길이는 약 6m에 이르렀는데, 두 개의 통나무 속을 파내어 양쪽으로

배모양 토기 가야 4~5세기, 삼성미술관

벌려 놓고 중간에 같은 두께의 판자를 끼워 배의 너비를 넓혔다.

이 때 판자는 톱으로 켠 판대기가 아니고 도끼로 통나무의 속을 파내어 만든 판대기이다. 그리고 양쪽의 뱃전 앞과 뒤에 구멍을 뚫고 가운뎃쪽의 중간에 고리구멍을 만들어 여기에다 가로다지 나무 창을 꽂아 가새 또는 장쇠 역할을 하게 했다. 배 밑은 평평해서 물가로 이끌어 올리기가 편하도록 하였다. 이러한 배의 만듦새는 판대기배 즉 구조선으로 발전하여 갔다.

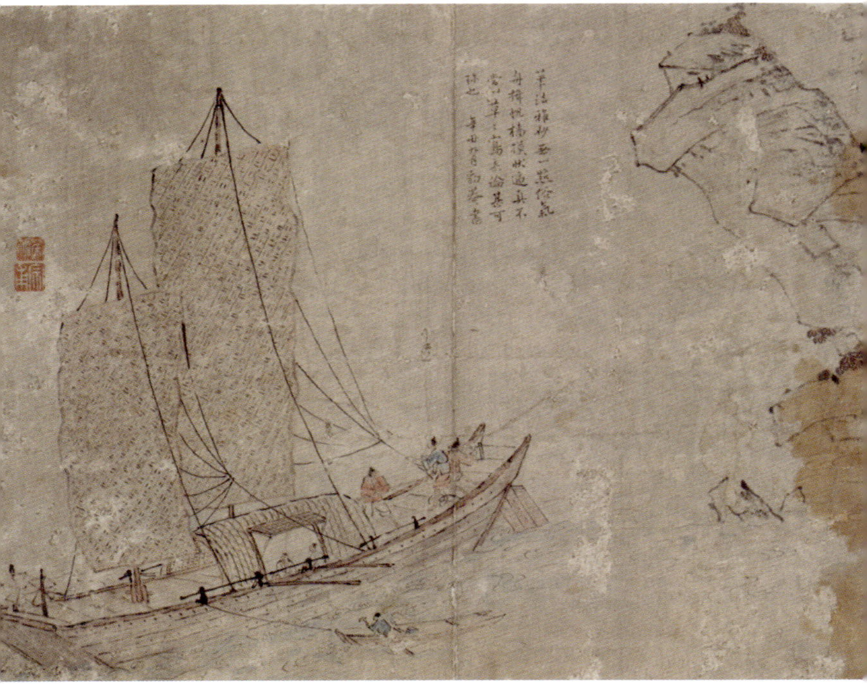

출범도 조영석, 조선 시대, 국립중앙박물관

2. 판대기 무이, 그리고 노와 돛

판대기 무이

서해안 일대의 지형은 해안의 드나듦이 복잡하여 간조와 만조 때의 물 드나듦이 심하다. 우리 조상들은 이러한 간만의 차이를 이용하기 위해 배 밑을 평평하게 만들었는데, 이렇게 만든 배는 만조 때 밀물을 타고 들어와서 간조 때인 썰물에서는 그대로 갯가에 편하게 얹힐 수 있어서 배를 부리기 용이하였다. 이러한 구조는 후에 판대기배에 그대로 적용되었다.

이에 앞서 통나무배를 만들어 사용했던 우리 조상들은 배를 만드는 방법에서도 뱃전을 겹쳐서 이어 올렸고, 앞과 뒤의 공간도 얇은 널판대기를 대어 막았으며, 뱃전에 구멍을 뚫어서 장쇠도 걸게 하였다. 이 배가 바다를 건너고 강을 오르내리던 한선의 시조였다. 즉 한선은 판대기배를 중심으로 발달하였다.

한선의 만듦새와 생김새는 어느 나라에서도 찾아볼 수 없는 독특한 것이다. 1975년 경주 안압지에서 발굴된 신라 때의 배와 1984년 전라남도 완도 앞바다에서 발굴된 고려 초기의 배는 모두 다른 나라의 옛 배와 그 생김새가 달랐다.

전남 완도군 약산면 어두리 어두지섬 앞바다에서 발굴된 침몰선은 함께 인양된 3만여 점의 도자기를 분석한 결과, 고려 시대 11세기 중반의 선박으로 해남군 산이면 일대의 가마에서 생산되는 도자기를 싣고 항해하던 중 침몰한 것으로 밝혀졌다. 15m 해저에서 발굴된 완도선은 선수와 선미부가 유실된 채 배의 중앙 부분만 남아 있었으나, 우리 한선에서 나타나는 독특한 구조적 특징을 지니고 있는 것으로 확인됐다.

경주 안압지에서 출토된 통일신라 시대의 배와 더불어 한선의 발생과 발달 과정을 알려주는 중요한 유물로 평가되는 완도선의 구조는 몇 가지로 요약된다. 첫째, 용골이 없고 바닥이 평평한 단면 구조이며, 둘째, 가룡목으로 좌 · 우현을 고정시켰고, 셋째, 충해 방지를 위해 연화법(그을리기)을 사용했으며, 넷째, 돛대가 하나라는 점이다. 그리고 사용된 선재는 기본적으로 한국산 육송이다. 목조 문화재의 재질 분석 전문가인 박

완도선

상진 교수에 따르면, 한국 전통 선박에 사용되는 목재는 다음과 같다.

선체 부분별 사용 목재	
배밑판[底板]	소나무, 비자나무, 굴피나무, 졸참나무, 상수리나무, 느티나무
삼판[外板,杉板]	소나무, 상수리나무, 졸참나무
포판[甲板]	소나무, 상수리나무, 졸참나무
이물비우[船首材]	상수리나무, 졸참나무, 녹나무
게롱[加龍木], 멍에[駕木]	상수리나무, 졸참나무, 가시나무
장삭, 피삭, 나무못[木釘]	상수리나무, 졸참나무, 녹나무, 산뽕나무, 느티나무, 가시나무, 박달나무, 소나무, 굴피나무
돛대[帆柱]	상수리나무, 졸참나무, 조록나무
키[舵]	조록나무, 가시나무
노[櫓]	느티나무, 상수리나무, 졸참나무

일본 배들이 주로 삼나무를 선재로 쓴 데 대하여 전통 배에서 가장 기본적으로 사용되었던 목재는 소나무다. 소나무는 비중은 약간 낮으나 가벼워 가공하기 쉽고 상당한 내수성을 지니고 있기 때문에 배의 외부를 꾸미는 데 적합하다. 사용된 못은 쇠못 대신 참나무나 박달나무로 된 나무못을 사용했다. 쇠못은 염분이 있으면 쉽게 부식되므로 철이 부식할 때 나무도 함께 부식되는 것을 방지하기 위해서 우리 선조들은 나무못을 사용한 것이다.

한선을 만드는 순서는 다음과 같다.

① 배 밑 또는 밑판이라 불리는 저판을 평탄하게 깐다.

② 삼판 또는 현판이라고 하는 외판을 배 밑 좌우에서 차례로 붙여 올린다. 이를 무은다고 한다.

③ 이물이라고 하는 배의 앞쪽과 고물이라고 하는 배의 뒤쪽을 가로다지 널판대기로 대어 막는다. 따라서 기본적으로 배의 이물과 고물이 넓고 평평하다. 이렇게 할 경우 제작이 좀더 간편하며, 경우에 따라서는 배 앞부분을 더 튼튼하게 만들 수도 있다.

④ 배 위에는 멍에 또는 가목이라고 하는 배의 대들보를 얹는다. 그리고 뱃머리에는 선멍에라고 하는 덕판을, 이물에는 하판을 얹는다.

⑤ 멍에 아래의 뱃전에 구멍을 뚫어서 장쇠 또는 가룡목이라고 하는 나무를 꿰어 연결하여 고정시킨다. 장쇠는 삼판 한 장에 한 개씩 건다. 한선은 용골이 없는 대신 가룡목을 사용해 종강도와 횡강도를 강하게 했으며, 배의 격실(칸막이 방)을 만드는 데 이용했다.

⑥ 멍에 위에 귀틀을 꾸며서 겻집 또는 너장이라고 하는 마루를 깐다.

⑦ 고물비우에 키를 꽂고, 닻을 감아 올리는 굴통을 만들어 고정한다.

⑧ 멍에에 기대어 돛대를 세우고 돛을 만들어 단다.

⑨ 판자의 연결 부분에 대나무속 · 백회 · 콩기름 등으로 틈새를 막아 물이 스며드는 것을 막는다.

이 같은 만듦새는 서양이나 중국의 배와는 다른 것으로서, 우리 나라의 지형 조건에 알맞게 독특하게 창안된 것이다. 특히 턱을 따내고 널판대기를 겹쳐서 무어 올리는 뱃전, 뱃전을 연결하는 나무못인 피새, 뱃전이 좌우 양쪽으로 벌어지는 것을 막아 주고 밖에서 미는 바닷물의 압력을 지탱하게끔 고정한 장쇠 등은 한선에서만 볼 수 있는 특이한 만듦새였다.

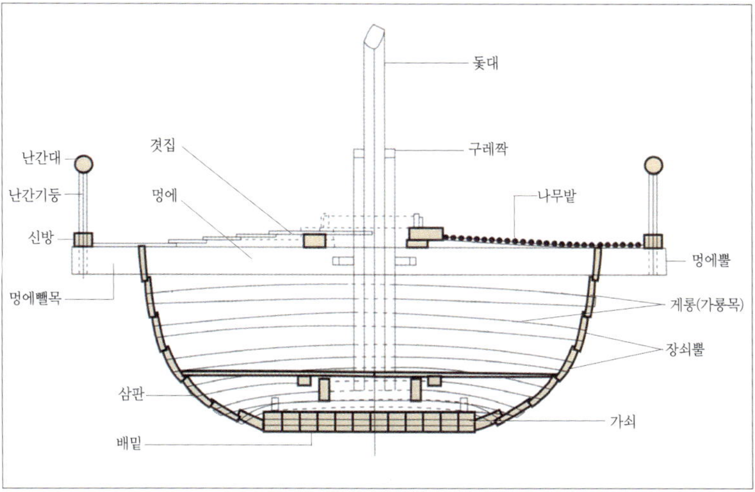

한선의 구조

노

배를 만들어 물에 띄웠으나, 그 배는 물살이 흐르는 대로 흘러갔다. 강 건너편에 있는 나무 열매를 따기 위해 원시인들은 배를 타고 그쪽으로 건너가고 싶었다. 배에 올라타 손바닥으로 물을 저어 보았더니 힘은 들었지만 배는 건너편을 향해 나아갔다. 사람들은 어떻게 하면 힘을 덜 들이고 쉽게 건너갈 수 있을지를 궁리하였다. 막대기로 배를 저어 보았지만 잘 나가지 않았다. 막대기 끝에 손바닥 모양의 나무 토막을 매달고 저어 보니 잘 나갔다. 이것이 물갈퀴였다. 이러한 물갈퀴는 지금도 카누

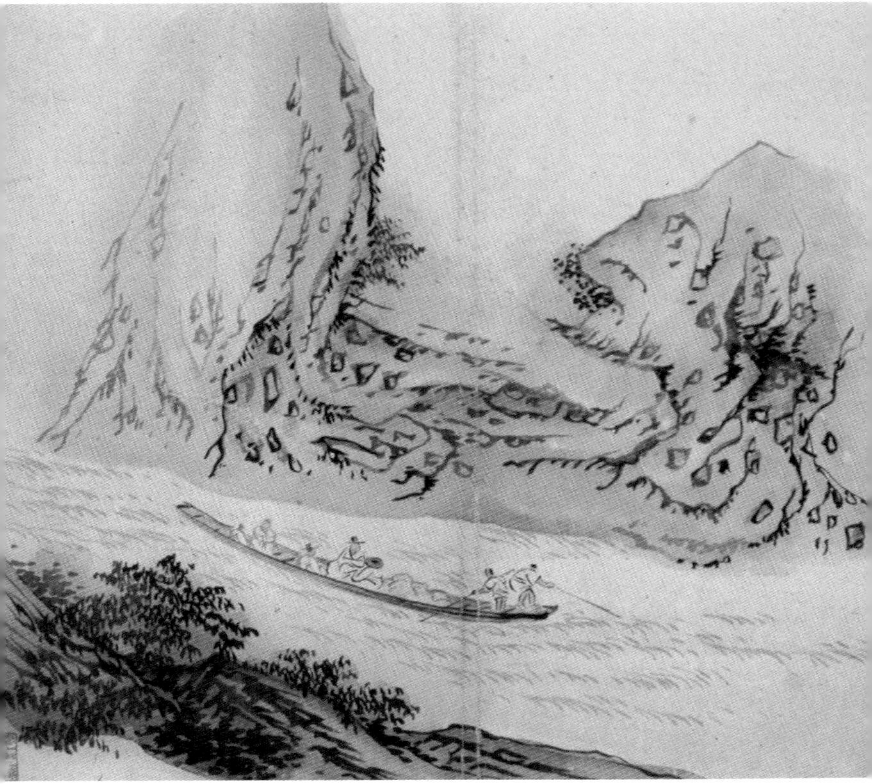

도선도 김홍도, 병진년화첩, 조선 시대, 호암미술관

와 같은 원시 형태의 통나무배에서 사용되고 있다.

물갈퀴 다음으로 생각해 낸 것이 노였다. 노에는 양옆으로 앉아서 앞뒤로 밀고 당기는 서양식 노와 배의 뒤편에 서서 옆으로 밀고 당기는 동양식 노 두 종류가 있다. 우리 나라의 옛날 배에서는 동양식 노가 사용되었다. 노는 아주 옛날부터 쓰이기 시작하였는데, 큰 배가 만들어지면서 돛이나 동력에 의해 항해를 하게 된 뒤에는 그 쓰임새가 시들해졌으나 보트 등에서는 아직도 사용하고 있다.

우리 조상들은 배를 부리면서 노를 좀더 편하게 잡기 위해 위쪽 끝에 가로다지로 나무막대 자루를 달았는데 가운뎃부분은 막대 모양으로 되어 있고 물 속에 잠기는 아래쪽 끝부분은 노깃이라 하여 납작하고 폭이 넓었다. 이는 물살을 헤치고 배가 더 빨리 나아가게 하기 위한 것이었다. 그리고 자루의 아랫부분을 새게고리로 받쳐 뒤를 향해 젓게 하였다. 노를 걸기 위해 고물비우 뒤쪽에 깐 짐판 끝에 노좆을 꽂았다.

그러나 판옥선 · 거북선과 같은 싸움배에서는 서양식 노와 같이 좌우에서 여러 사람이 여러 개의 노를 앞뒤로 밀고 끌어당겼다. 뱃전에 큰 노를 아홉 내지 열 개씩 걸고 행선하고자 하는 방향으로 바람이 불면 돛을 올리고 출발하는데, 도중에 바람이 적거나 행선을 서두를 때는 큰 노를 걸고서 노질을 재촉하였다.

돛

노를 저어서 배를 앞으로 나아가게 했으나, 그것은 매우 힘든 일이었다. 사람들은 어떻게 하면 힘을 덜 들이고 쉽게 배를 움직일 수 있을까를 궁리하였다.

사람들은 바람의 힘을 이용하면 배를 쉽게 부릴 수 있겠다고 생각하고 돛을 만들었다. 늪가에 많이 자라고 있는 부들 풀로 자리를 짜서, 이를 높은 장대에 매달고 바람을 받게 하였다.

배는 생각대로 쉽게 미끄러져 나아갔다. 그런데 돛이 쓰러지지 않게 하기 위해서는 돛대를 잘 설치해야 했다. 배에는 배 밑의 장쇠와 아울러 뱃전이 벌어지지 않게 살림집의 대들보와 같은 멍에를 뱃전 위에 얹어 놓았다. 가운데의 한판멍에에 기대어 돛대를 세우는데, 멍에 뒤쪽에 박은 두 개의 당아뿔 사이로 돛대를 밀어 넣어 세운 뒤 빗장으로 고정시켰다. 그리고 돛대의 밑둥에는 돛대를 꽂는 받침이 있는데, 이를 대굽 또는 개밥통이라고 하여 배가 나아갈 때 바람의 방향이 변하게 되면 돛을 돌리거나 돛대를 뉘었다 세웠다 할 수 있게 하였다.

짐을 많이 싣거나 항해할 때는 반드시 돛을 이용하여 배를 부렸다. 그런데 야거리와 같은 바닷배나 늘배 같은 강배에서는 보통 돛대를 하나 세우지만, 넓은 바다를 항해하는 당두리 같은 큰 배에는 돛대를 두 개 또는 세 개를 세우기도 하였다. 당두리는 쌍돛을 달았다고 하여 두대박이라고도 한다. 1492년 콜룸부스가 아메리카 대륙을 발견할 때 타고 갔던 산타마리아호는 세 개의 돛대를 갖고 있었다.

서양에서는 삼각형 모양의 돛도 있지만, 우리 나라에서는 거의 사각형으로 만들었고 돛을 만드는 원료는 삼베 · 무명이 주로 쓰였다. 『난중일기』에는 임진왜란 때 돌격선으로 쓰였던 거북선의 돛감으로 면포 29필이 사용되었다고 적고 있다.

돛을 단 배를 돛배 · 돛단배 · 범선 등으로 부르는데, 범선이라고 해서 반드시 돛으로만 움직이는 것은 아니었고 도중에 바람이 적거나 행선을 서두를 때는 큰 노를 걸고서 노질을 하였다. 동력을 이용하게 되면서 근

행선도 정선, 조선 시대, 국립중앙박물관

대에는 범선도 돛과 기관을 함께 갖추고 있는데 이를 기범선이라고 한다. 그러나 큰 배가 증기 기관으로 움직이게 되면서 오늘날 돛의 쓰임새는 거의 사라지게 되었다.

동력선의 출현

증기 기관은 불을 때서 물을 끓여 생기는 수증기의 팽창 및 응축을 이용하여 동력을 얻는 기계인데, 제임스 와트(James Watt)가 1769년에 처음으로 발명하였다. 1807년 풀턴(Robert Fulton)은 자신의 클라몬호에다 증기 기관을 설치하여 바람이 없어도 빨리 나아갈 수 있게 하였

개밥통 대굽이라고도 하며 돛대를 꽂는 받침이다. 『배무이』, p. 13.

다. 이후 거의 모든 배에 증기 기관을 달았다. 처음에는 커다란 바퀴를 뱃전에 달았기 때문에 윤선, 또는 화륜선이라고 했다. 조선 사람들은 이를 이양선이라 하였다.

우리 나라에서는 1882년(고종 19) 10월 선박에 관한 일을 맡아 보던 주교사에서 처음으로 근대적인 증기선을 구입하였는데 이것이 한국에 처음으로 들어온 기선이었다. 정부에서는 배 이름을 '현익호', '창룡호' 및 '한성호' 라 하고, 조운선 · 경강선이 담당하던 세곡을 운반케 하였다. 개항 이후 각 개항장을 드나들던 서양식 선박과 기선 해운에 대한 민간인들의 호기심과 관심은 대단히 컸다. 비록 실용화되는 단계에는 미치지 못했으나 증기 기관 선박의 제작을 시도하여 외국인들의 주목을 끌기도 했고, 경강 상인들은 신식 기선을 도입해서 상업 활동에 이용하려고 계속 시도하였다.

1886년 10월에 서울 사람 이병선(李丙善)과 김동헌(金東憲) 등이 대흥상회를 설립하고, 일본에 거주하고 있던 미국인 에드워드 레이크(Edward Lake)라는 사람으로부터 72톤 크기의 기선 한 척을 1만 달러에 구입하여 '대흥호'라고 명명했다. 대흥상회는 우리 나라에서 민간인이 창설한 최초의 기선 회사였다. 1888년에는 조의연(趙義淵)이 삼산회사라는 회사를 차리고, 일본에서 사들인 소형 증기선 2척으로 인천과 마포 사이를 오가며 여객과 화물을 실어 날랐다. 그러나 1척은 강화도 근처에서 좌초하여 침몰되었고, 나머지 1척도 운항을 포기해 버렸다.

이에 앞서 흥선 대원군의 쇄국 정치로 서슬이 퍼렇던 고종 3년에 미국의 화륜선 제너럴 셔먼호가 대동강을 타고 올라와 통상을 요구하다가 이를 거절당하자 주민에게 횡포를 가했고, 주민들은 돌팔매질로 대응했다. 마침 썰물에 배가 움직이지 못하는 틈을 타 사람들은 배를 불살라 버렸다. 동력선의 쓰임새가 크게 돋보이자 이후 우리 나라에서는 적극적으로 이를 구입하고자 했다. 그 당시 화륜선을 만들 만큼 기술이 발전하지 못하였기 때문이다

도선도 전 이형록, 조선 시대, 국립중앙박물관

3. 다양한 배들

메생이

판대기배는 배의 뼈대를 구성하고, 그 뼈대 위에 외판 · 갑판 · 돛대 등을 붙여 만들었기 때문에 구조선이라고 한다. 구조선으로서의 판대기배가 만들어지기 전에는 떼배와 통나무배가 사용되었다. 통나무배는 떼배보다 늦게 나타났지만, 날렵하고 간편하여 속도가 빠르고 좁은 계곡에서도 쉽게 부릴 수 있었다.

오늘날 경기용이나 오락용으로 널리 애용되고 있는 카누는 통나무배를 개량한 것이다. 우리 나라에서도 옛 가야 지방에서 통나무배 모양의 토용이 출토되었고, 경주에서는 통나무배 모양의 신라 토기가 발굴되었다. 20세기 초에도 한강과 대동강에는 고기잡이하는 통나무배가 있었다. 이 배를 메생이 또는 매생이라고 했다. 메생이는 커다란 통나무를 일정한 크기로 잘라서 반으로 쪼갠 다음 도끼로 속을 파낸 모양이 구유처럼 생겼다 하여 쪽배라고도 했다.

이 배는 돌도끼가 만들어진 선사 시대부터 제작되었는데, 강물을 건너거나 고기잡이를 할 때 사용하였고 크기는 한두 사람이 겨우 탈 수 있을 만큼 작았다. 여러 사람이 타는 메생이도 있었는데 조선 시대 명종 때 여진족을 정벌하기 위하여 군사들이 압록강과 두만강을 건널 때에 이 메생이를 이용했다고 한다. 경주 안압지에서 출토된 통나무배는 세

쪽으로 무어졌다. 두 토막의 통나무 속을 'ㄴ' 자와 'ˏ' 자 모양으로 파내어 양쪽으로 벌려 놓고 그 가운데에 같은 두께의 통나무 속을 파내고 붙여 양쪽의 뱃전에 구멍을 뚫고 가로다지로 나무창을 꽂아 세 쪽을 연결하였다. 이러한 모양은 통나무배가 판대기배로 발달해 가는 과정을 보여주는 것이다.

나룻배

우리 나라의 지형은 태백산맥이 남북으로 큰 등뼈 역할을 하고 있어서 동서로 강이 흐른다. 특히 압록강 · 대동강 · 임진강 · 한강 · 금강 · 영산강 등은 하류에 이를수록 강폭이 아주 커져서 사람들의 왕래를 방해하였다. 따라서 우리 조상들은 그 길목에 나루를 개설하고, 나룻배를 만들어 왕래하는 어려움을 극복하였다.

메생이에서 발전한 강배가 나룻배이다. 메생이는 한두 사람이 강을 건너기 위해 만든 배이지만, 사람의 왕래가 잦아지면서 더 큰 배를 만들 필요가 있었다. 나룻배는 짐배로도 쓰였지만 사람을 태우고 강을 건네주는 역할을 주로 하였기 때문에 다른 배보다 배 밑이 넓었고, 돛대를 세우지 않고 돛도 달지 않았다.

나룻배에는 돛이 없기 때문에 노를 저어 배를 가게 하였다. 사도게뿐 아니라 칼 · 톱 · 끌 · 자귀 · 대패 등 쇠연장을 쓰게 되면서부터는 널판대기를 이어붙여 배를 무었는데, 나룻배의 뱃전은 두 쪽의 널판대기를 겹쳐서 무어 올리고 참나무 못인 피새를 촘촘히 박았다. 뱃전의 앞과 뒤는 활처럼 휘어 보이게 약간 솟았고, 특히 뱃머리인 이물비우는 배 밑으로부터 비스듬하게 위로 이어 올려져 있다. 이것은 배가 나아갈 때 물의 저항을 줄이고, 또 강가에 배가 닿게 되면 모래밭 위에 미끄러지듯이 올라앉게 하려는 이유에서이다.

늘배

늘배는 짐을 싣는 강배인데 모양은 나룻배와 거의 비슷하였다. 나룻배가 나루에서 짧은 거리를 오가며 사람을 건네주는 배였다면, 늘배는 한강 · 낙동강 · 대동강 · 압록강 등 큰 강에서 많은 짐을 싣고 상류에서 하류로, 또는 하류에서 상류로 오르내리는 배였다. 늘배는 배를 부리는 데 힘을 많이 사용하여야 했기 때문에 바람의 힘으로 배를 나아가게 하기 위하여 돛대를 세우고 돛을 달았다.

돛대의 밑둥에는 돛대를 꽂는 받침이 있는데, 이것을 대굽 또는 개밥통이라고 하여 행선할 때 바람의 방향이 변하게 되면 돛을 돌릴 수 있게 하였다. 돛대는 고정되어 있는 것이 아니라 때에 따라서는 누일 수도 있었다. 즉 바람이 불지 않거나 나룻배로 쓸 때는 돛대를 눕히고 짐판 끝에 설치한 노좆에 큰 노를 걸고서 저어 갔다. 짐판이란 고물비우 뒤쪽으로 뱃전 위에 깐 널판대기를 말한다. 그러나 일반적으로는 바람을 기다렸다가 돛을 달아 올리고 바람을 받아 행선하는데, 이 때에는 노는 젓지 않고, 키로 배의 방향을 조종하였다. 키는 고물비우에 설치하는데, 키를 꽂기 위해 고물비우 윗쪽에 키구멍, 즉 두리구녕을 뚫어 놓았다.

늘배의 배 밑은 넓적하고 뱃전은 곧바로 세워졌다. 강에서는 파도가 거의 없기 때문에 뱃전에 쓰는 널판대기는 얇고 가볍다. 그것은 배의 무게를 줄여서 배를 더 쉽게 부릴 수 있게 하려는 까닭에서였다. 이물의 높이는 한판보다 더 높은데 배 밑에서 이물머리에 이르는 모습은 둥그스름하게 유선형으로 보이게 만든다. 이는 배가 나아갈 때 받는 단면 저항을 되도록 줄이고자 한 때문이다.

서양식 배는 앞머리가 삼각형 모서리와 같이 뾰족하기 때문에 물살을 가르고 나아간다. 이에 대해서 우리 배는 늘배와 같이 이물비우가 넓적하여 물살을 밀고 나아간다. 그런데 자세히 살펴보면 이물비우의 옆모양이 비스듬하게 유선형으로 되어 있으므로 물살을 밀고 나아가는 것이 아니라 물살을 타고 미끄러져 가는 것이다.

야거리

늘배와 비슷한 모양을 한 바닷배가 야거리다. 야거리는 돛대가 하나만 설치된 작은 배를 말하고 돛대가 둘 이상인 큰 배를 당두리라고 한다. 야거리는 『경국대전』에 나오는 작은 배로서, 길이가 18자 9치, 너비가 6자 3치 정도였다. 때로는 이보다 커서 길이가 33자 6치, 너비가 13자 6치 이상 되는 배도 야거리에 속했다(1자는 31.24cm). 야거리는 가까운 바다에서 고기잡이를 하는 데 주로 쓰였는데, 잡은 물고기나 새우·소금 등 수산물을 싣고 강으로 거슬러 올라가 강변의 도회지에서 처분하기도 했다. 야거리는 바닷배이기 때문에 강에서 활동하기에는 적합하지 않았으나, 바람이 불거나 밀물이 들이칠 때를 기다렸다가 강물을 거슬러 올라갔다.

야거리의 만듦새는 1984년 전남 완도 앞바다에서 인양한 고려 시대의 배에 잘 나타나 있다. 이 배는 통나무 5개를 연결하여 밑판을 만들었는데, 길이는 20자, 너비는 5자 정도이다. 뱃전은 다섯 개의 널판대기로 되어 있으며, 널판대기의 턱을 따내고 겹쳐서 무어 올려 뱃전을 만들었다.

뱃전을 연결하는 못은 나무못인 피새를 썼으며, 좌우의 첫째 뱃전과 넷째 뱃전에 구멍을 뚫었다. 이는 뱃전이 좌우로 벌어지는 것을 막아 주고, 밖에서 미는 바닷물의 압력을 지탱하기 위해 장쇠를 꿰어 걸었던 자리이다.

이러한 야거리의 만듦새는 바닷배의 시조라고 할 수 있는 거룻배에서 비롯되었다. 거룻배는 뱃전이 세 쪽으로 돛대도 없이 거의 한두 사람만 탈 수 있는 배인데, 배의 쓰임새가 많아지면서 이것을 개량하여 보다 크게 만든 배가 야거리였다. 즉 뱃전을 다섯 쪽으로 무어 올리고, 배 위에 더 큰 멍에를 얹어 여기에 기대어 돛대를 세워 노를 젓지 않고도 바람의 힘을 빌어 멀리까지 오갈 수 있게 하였다. 한마디로 구분한다면 거룻배는 뱃전의 수가 3쪽, 야거리는 5쪽, 당두리는 7쪽인 배라고 하겠는데, 기본 구조는 크게 다르지 않다.

당두리

당두리는 뱃전을 일곱 쪽의 널판대기로 무어 올리고 돛대도 두 개를 세운 큰 바닷배였다. 『경국대전』에 의하면 그 길이가 42자, 너비가 18자 9치 이상이었다. 보통 쌍돛을 달아서 두대박이라고도 하였다.

연해에서 고기잡이를 주로 하던 뱃사람들은 점차 고기가 많이 잡히는 먼바다로 나가고 싶어했고, 중국이나 일본 등 이웃 나라와 교류하게 되면서 사람과 짐을 많이 실을 수 있는 큰 배를 만들려고 했다. 그래서 고안해 낸 배가 당두리다. 바닷배는 평평한 이물비우와 고물비우를 가지고 있는 것이 특징인데, 특히 당두리는 쌍돛이 특징이었다. 쌍돛을 단 것은 먼 거리를 오가면서 보다 빨리 항해하기 위한 것이었는데 앞쪽의 돛대는 곧게 세우고 뒷쪽의 돛대는 뒤로 비스듬하게 눕혀서 돛을 조종하기

당두리배와 거룻배 『배무이』, p. 27.

편하도록 하여 바람의 힘을 자유로이 조종하였다.

당두리나 야거리 같은 바닷배는 정박할 때 파도가 몰아쳐도 꼼짝 않도록 큰 나무 닻을 갖고 있다. 특히 서해안은 넓은 갯벌로 이루어져 있기 때문에 큰 나무 닻이라야 갯벌 속으로 깊이 파고들어가 배를 바다 위에 묶어 둘 수 있고 또 닻을 들어올릴 때도 쉽게 걷어올릴 수 있다. 닻을 감아올리는 데는 닻줄 물레가 쓰였는데 물레의 손잡이 가지는 보통 6개로 되어 있어 여럿이 함께 돌려서 닻줄을 감아올릴 수 있게 하였다.

삼면이 바다인 한반도에 자리를 잡은 조상들은 적극적으로 바다를 삶의 터전으로 가꾸어 왔다. 강과 바다를 마음대로 오가기 위해 우리 조상들은 늘배 · 야거리 · 당두리와 같은 여러 종류의 배를 만들었는데 그 배들은 기본적으로 구조가 같았다. 즉 배 밑을 평탄하게 깔고, 뱃전은 여러 쪽의 판대기의 턱을 따내고 겹쳐서 무으며, 피새 · 장쇠 등을 통해 배를 견고하게 하는 등 그 만듦새와 모양새가 매우 독특하였다.

II. 한선의 쓰임새

1. 고기잡이와 배
2. 청해진의 무역선
3. 세곡을 운반하는 조운선
4. 지토선과 경강선
5. 거북선
6. 맹선과 판옥선

龜

작살　신석기 시대, 국립광주박물관

1. 고기잡이와 배

바다는 우리의 마당

삼면이 바다로 둘러싸여 있었으므로 옛부터 우리 조상들은 바다에 익숙해 있었고, 배타는 일을 두려워하지 않았다. 바닷가나 섬에서 많이 발견되는 선사 시대의 유물인 조개더미나 물고기잡이에 쓰인 작살 · 그물 · 낚시 등에서 우리 조상들이 식생활을 해결하기 위해 물고기나 조개, 그리고 바다풀 등을 채취한 흔적들을 발견할 수 있다.

정책적으로 바다에 나가는 것을 금한 때도 있었지만, 우리 조상들은 바다를 삶의 터전으로 이용해 왔다. 바다는 중국이나 일본 등 주변 여러 나라들과 교류할 수 있는 길을 마련해 주었을 뿐 아니라 식생활을 향상시키는 데에도 큰 도움을 주었다. 세계의 여러 민족 가운데서 우리 민족처럼 소 · 돼지 등의 육류와 생선 · 해초류 등의 수산물을 골고루 섭취하는 민족도 드물다.

오늘날 우리의 식탁에는 거의 매일 김 한 조각, 생선 한 토막이 빠지지 않는다. 남해 바닷가 어부들이 부르는 「만선가」에서는, "올라온다 올라온다. 이 고기가 무슨 고기인가? / 처자식과 우리 부모 입맛 나게 할 고기가 올라온다" 고 노래하여 바다를 먹거리의 화수분으로 여기기도 하였다.

고기잡이 김홍도, 조선 시대, 국립중앙박물관

고기잡이 배와 어망

고기잡이 배, 즉 어선이란 어업에 종사하는 선박을 총칭한다. 일반적으로 어선은 상선(商船)에 비하면 소형이면서도 바다에 장기 체류하면서 능률적으로 어로 작업을 수행해야 하므로 선체가 견고하고 내항성(耐航性)이 좋아야 하며, 크기나 모양은 수행하는 어업의 종류에 알맞아야 한다.

우리 민족은 일찍부터 고기잡이를 해왔다. 그러나 16세기까지는 하천이나 호수 등지에서 주로 어로 활동을 폈다. 그러다가 조선 후기에는 바다 어업이 절대적 비중을 차지하게 되는데, 배 만드는 기술이 발달하면서 어선이 증가하였고, 아울러 어망 제조 기술과 어획법이 발달하면서 어획고가 크게 늘어났다. 고기가 회유하는 계절이 되면 전국적으로 수백 척의 배들이 몰려들어 바다 어장이 형성되었고, 어장에서 잡은 고기를 바로 얼음이나 소금에 절여 저장하여 상선에 판매하는 파시장이 형성되기도 하였다. 고기를 잡는 기술이 발달한 예로는, 이미 19세기 전반기에 밤에 불을 밝히고 고기를 유인하여 잡는 선진적인 어법이 행해지고 있었다. 『자산어보』에는 밤에 불빛으로 멸치를 유인하여 손 그물로 잡는 어법이 소개되고 있으며, 『임원경제지』에도 밤에 불을 밝히고 고등어를 낚는 방법이 소개되어 있다.

또한 어망도 만드는 재료를 튼튼하고 조밀한 것으로 사용함으로써 더 견고해졌고, 어망을 뜨는 방법도 발달하였다. 어망을 칡이나 볏짚 등으로 만들던 형태에서 벗어나, 면이나 명주실을 원료로 만드는 어망이 등장하였고, 그물을 뜨는 방법도 빗마르기라는 새로운 형태를 취함으로써 어망이 정교하면서도 튼튼해졌다. 그물의 재료와 그물을 뜨는 방법이

남해의 죽방렴 사진 제공 김인자

발달하면서 지형과 어종에 맞게 다양한 그물들이 생겨났다.

먼저 서해안 지역의 어망을 살펴보자. 서해안은 갯벌이 발달하고 경사가 완만하기 때문에 어선을 매개로 한 망어업이 활발하였다. 어장이 제일 발달한 전라도에서는 다양한 어망을 사용하였는데, 기록에 의하면 사월망 · 족대망 · 포망 · 죽망 · 진사행망 · 소변망 · 정이망 · 질음망 · 고망 · 소궁망 · 멸치망 · 거사토망 등의 어구들이 있었다.

충청도에는 볏짚으로 그물을 떠서 조수가 드나드는 곳에 설치하는 주박이라는 어망이 있었고, 볏짚으로 꼰 새끼로 만든 삭고를 사용하였다. 경기도에서는 망기 · 어조 · 온돌 등이, 황해도에서는 망기 · 양중입선휘리 · 온돌 등의 어망이 사용되었다. 온돌은 '해변에서 고기를 잡는 곳' 이었다. 양중입선휘리는 바다 가운데에 배를 세우고 후릿그물로 물고기를 잡는 것을 말한다.

동해안에서는 저인망의 일종인 후릿그물을 이용하여 어로를 행하였다. 경상도의 흥해 · 연일 · 장기 · 울산 등에서는 청어를 잡는 데 후릿그물을 사용하였고, 함경도의 덕원에서도 그것을 사용하였다. 강원도에서도 후릿그물로 멸치를 많이 잡았다고 한다. 한편 경상도의 흥해 · 연일 · 장기 · 울산 등에서는 후릿그물과 함께 세망으로 청어를 잡았다.

지방마다 배를 구분하는 방법도 달랐다. 전라도에서는 크기에 따라 대선 · 중선 · 소선 · 소소선 · 소소정 등으로 구분하였는 데 반해, 경상도에서는 모양과 크기를 혼합하여 배의 유형을 크게 삼선 · 통선 · 노선으로 구분하였다. 그 외에 또 세 가지가 있는데 광선 · 협선 · 어정이다.

바다에서 고기를 잡는 방법에는 어전 · 어조 · 어장 · 어기 등이 있었다. 어전(漁箭)은 고기가 잘 다니는 길에 대나무로 기둥을 삼고 나뭇가지를 엮어서 한 곳의 웅덩이로 고기를 몰아 잡는 것이다. 즉 뭍에서 가까운 곳에 설치하여, 물이 들어올 때 고기도 같이 몰려왔다가 물이 빠진 후에 미처 빠져나가지 못한 고기들을 웅덩이로 들어가게 하여 사둘 등으로 퍼서 잡는 방법이다. 어전은 규모가 큰 것은 약 900m나 되었고, 적은 것은 100m 정도 되었다. 경상도에서는 이와는 달리 나무를 꽂아 기둥을 삼고 대나무를 엮어 만들어 물고기가 다니는 길을 막아 고기를 잡는 방렴이라는 것이 있었다.

어조(漁藻)는 고기가 모이는 곳이나 고기가 잘 다니는 길에 배들이 줄을 맞추어 서서 그물을 설치하여 고기를 잡는 것이다. 어조에서는 고기잡이를 지휘 및 주도하는 큰 배가 있고, 좌우로 작은 배가 배치되어 있어서 함께 고기를 잡았다. 어장(漁場)은 고기가 모이는 곳에 그물을 설치하고 고기를 잡는 것이었다.

사둘(쪽지그물) 국립민속박물관

17세기 이후에는 전국 연해에 주요 어장이 형성되면서 산란기에 고기떼들이 몰려오면 어선이 모여들어 고기를 잡는 연안 어업이 번성하였다. 1717년에는 "어장으로 영남의 연일, 호남의 위도 파시평, 통영의 섬진, 해서의 안악, 호서의 비인 · 남포, 관서의 증화 같은 곳은 고기잡이 할 때에 배가 많이 몰리는 곳이다"라고 할 정도로 전국적으로 주요 어장이 형성되면서 연안 어업이 융성하였고 그 어장을 사적으로 점유하는 자들도 생겨났다.

찬거리의 변화와 생선

삼면이 바다로 둘러싸여 있다고 하지만, 고기잡이가 활성화된 것은 조선 후기에 이르러서였는데 그것은 어물의 수요와 공급이 크게 늘어났기 때문이었다. 어물은 단백질이 풍부하여 곡물과 채소에서 부족한 영양분을 보완해 준다. 바닷가 사람들은 일찍부터 이를 알고서 어물을 준비하여 식생활을 조화 있게 이끌었다. 그러나 이전에는 잡는 수요도 적었지만, 잡는 방법, 운송 수단, 보관 처리 등에 문제가 있어서 공급이 쉽지 않았다.

그런데 조선 후기에 이르러서는 상품 화폐 경제가 진전되면서 공급 조건이 개선되어 갔고, 특히 소비 시장인 도시 인구가 크게 늘어나면서 어물의 수요도 증대되었다. 따라서 강변이나 연해안에서 농사를 지으며 여가로 고기잡이를 하여 찬거리를 마련하던 사람들이 점차 팔기 위한 고기잡이를 시도하였다. 일부 농민들에게는 농사짓는 것보다 고기잡이가 더 수익이 있는 것으로 생각되어, 고기잡이를 전문으로 하는 사람들이 늘어났다. 바닷가에서는 그 경향이 더 두드러졌다.

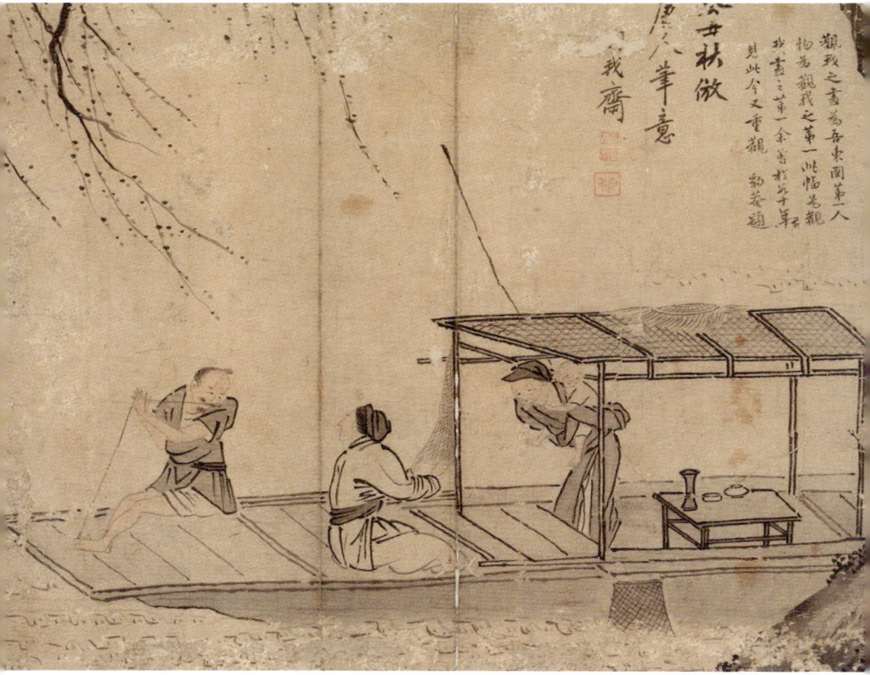

어선도 조영석, 조선 시대, 국립중앙박물관

조선 후기에 어물이 상품 유통에서 차지하는 비중이 커졌다고 하면, 그것을 가능케 하는 공급 조건은 생산량, 생산 수단 등의 생산 관계와 유통 수단, 유통 조직 등의 유통 구조에 의해 좌우된다. 우선 생산 관계에서 볼 때 조선 후기에는 그 이전과 비교하여 큰 진전을 보이고 있다.

18세기 후반에 편찬된 『신증동국여지승람』에 의하면, 전국의 수산물이 산지별로 기재되어 있다. 당시 가장 많이 어획되고 있던 어물은 명태였고, 그 밖에 청어 · 조기 · 멸치 · 새우 등이 많이 잡혔다. 명태는 주로 겨울철에 어망으로 잡아 건조시켜 배 또는 말에 실어 전국적으로 유통되고, 그 맛이 일품인 청어는 동해 · 서해 · 남해 등에서 고루 잡혔다. 『자산어보』에 의하면 조기는 배에다 실을 수 없을 정도로 많이 잡혔다고 한다. 이들 생선은 그 어획량이 크게 늘어났음에도 불구하고, 당시 어물의 수요가 그에 비례하여 크게 증대하였기 때문에 가격이 폭락하는 일이 거의 없었다. 어물의 가격이 일정하게 유지되었기 때문에 어부들은 어구 · 어법을 보다 개량하고 어선의 규모를 크게 하여 생산성 향상에 더욱 힘쓰게 되었다.

따라서 조선조 후기에는 어물의 생산성이 크게 향상되었을 뿐 아니라 사용 가치의 보존을 위해서도 나름대로 조처가 강구되었다. 수산물은 부패하기 쉬운 속성을 지니고 있기 때문에 소비 지역 가까운 곳에서 생산된 것을 제외하고는 운송과 보관에 오랜 시간이 걸리는데, 이때 부패를 방지하는 조처가 없으면 신선도가 떨어지고 그 값을 제대로 보장받을 수 없기 때문에 어떠한 형태로든지 제조 · 가공을 해야 했다. 조선 후기에 널리 사용된 가공법은 건조시키는 방법이었다.

가장 널리 그리고 가장 많이 거래된 어물은 명태였다. 명태는 겨울철에 주로 잡혔는데, 사람들은 명태의 내장을 제거하고 이를 건조대에 내

굴바구니와 조새 국립해양유물전시관

문어단지 국립민속박물관

걸어 밤에는 찬바람을 쏘여 냉동시키고 낮에는 햇빛을 이용하여 건조시키는 일을 반복하여 말리는 가공법을 고안해 냈다. 명태의 건조품을 북어(北魚)라고 하는데, 기온이 낮을 때 제조된 것일수록 육질이 부드러워 좋은 제품으로 평가되었다. 여름철에 주로 잡히는 조기는 소금에 절여 말리는데, 배를 갈라서 말리는 가조기보다 통으로 말린 굴비가 더 맛있는 것으로 유명하였다. 그 밖에 청어 · 대구 · 새우 · 가자미 · 오징어 등도 말려서 상품화시켰다. 한편 어물을 발효시키기도 하였으니, 명태 · 청어 · 조기의 알이나 새우 · 멸치 등은 항아리에 담아 발효시켰다. 특히 새우는 미리 젓갈을 담글 독과 소금을 싣고 출어하여 새우를 잡는 즉시 배 위에서 젓갈로 제조하였다.

그런데 생산지에서 한양으로 통하는 유통 방식은 각기 그 입지에 따라 달랐다. 즉 서해에서 잡은 어물은 주로 연평도 · 칠산도 · 법성포 등지에서 집하되었는데, 이곳에서는 한양으로 뱃길을 통해 경강의 마포 · 서강 등지로 공급되었으니, 그 상권을 장악한 사람은 선박을 보유한 선상이었다. 그러나 동해안과 한양 사이의 뱃길은 남해 · 서해를 거쳐야 했기 때문에 멀고도 험하였다. 그리하여 선운되는 경우가 없었던 것은 아니었지만, 일반적으로 철령 또는 추가령을 경유하여 육로로 한양에 반입되었다. 동해에서 생산되는 어물 중에서 물량이 가장 많았던 것은 북어였는데, 거의 모두가 덕원 · 원산포에 집하되어 말에 실려 육상(陸商)에 의해 포천의 송우점, 양주의 누원점을 거쳐 한양에 공급되었다.

조선 후기, 특히 18세기를 전후하여 상품 화폐 경제가 발달하면서 한양 · 개성 · 평양 · 전주 등 도시를 중심으로 현실 중시의 사고, 물질 중시의 삶이 고양되었다. 그에 따라서 삶의 모습에도 여러 가지 변화가 일어났는데 특히 식생활에서는 찬거리가 다양해졌다. 생활 수준이 향상되

멸치잡이 국립해양유물전시관

고, 이와 더불어 교통과 운송이 용이해져 전국적 유통권이 확립되면서 해산물이 찬거리로서 주목되었고 그 수요가 크게 늘어나게 된 것이다.

해산물은 단백질이 풍부하여 곡물과 채소류에서 부족한 영양분을 공급해 주는 동시에 탕 · 찌개 · 전골 · 찜 · 구이 · 조림 · 전 · 포 등 다양한 조리법이 개발되면서 그 맛이 높이 평가되었다. 나아가 어업 기술의 발달로 새로운 어물이 늘어났고, 건조법과 염장법이 개선되면서 해산물의 보급은 더욱 활발해졌다.

17세기 허균(許筠)의 『도문대작』에 의하면, 그때까지 수요가 있었던 해산물에는 숭어 · 웅어 · 조기 · 오징어 · 청어 · 복어 · 멸치 · 광어 · 대구 · 고등어 · 방어 · 연어 등의 어물과 홍합 · 굴 · 해삼 등의 조개류, 새우 · 게 등의 갑각류, 미역 · 다시마 등의 해조류 등이 있었다. 이들은 크게 동해산 · 서해산 · 남해산으로 구분되는데, 맛과 영양에 있어서는 난류와 한류가 교차하는 동해에서 잡힌 해산물이 높이 평가되었다. 동해에서는 송어 · 연어 · 방어 · 명태 · 넙치 · 고등어 · 대구 · 청어 · 은어 · 홍어 · 숭어 · 문어 등이 많이 잡혔는데, 이 가운데서 대구 · 문어 · 청어 · 광어 · 연어 · 은어 등은 왕실 진상품으로서 유명하였고, 청어 · 대구 등은 서민층에서도 널리 수요가 있던 어물들이었다.

특히 조선 후기에 비로소 그 이름이 드러나는 북어는 전국적으로 수요가 많아 일상의 찬거리, 제수 또는 술안주로서 소비되었다. 『임원경제지』에 의하면, 당시 북어의 집산지인 원산포에서는 각지의 어상들이 모여들어 도회를 이루었는데, 그들은 배나 말에 북어를 싣고 주야로 운송하여 전국적으로 북어를 보급시켰다고 한다. 이는 당시 북어가 청어와 더불어 가장 수요가 많았던 어물이었음을 말해 준다.

조기는 조선 후기에 가장 많이 잡힌 어류였다. 조기는 남지나해에서

가리　국립해양유물전시관

물바리 수경　국립해양유물전시관

올라와 흑산도를 거쳐 전라남도 영광군 앞의 위도와 경기도의 연평도에서 산란을 하고 회귀해 내려오는 물고기이다. 당시 기록에 의하면, 산란하기 위해 올라오는 조기 무리가 수억 마리에 달하고, 몇 리에 걸쳐서 떼를 이루었으며, 이 물고기떼를 그물로 잡으면 산더미처럼 잡을 수 있지만 너무 많아서 배에 전부 실을 수 없을 정도라고 하였다.

조기를 잡는 대표적인 어장은 전라남도 영광군 위도 등의 칠산바다와 황해도의 연평도와 해주 지방 등이었다. 특히 위도를 둘러싼 칠산 앞바다에는 조기가 산란하기 위하여 올라오는 시기에 맞춰 전국 각지의 어선들이 몰려들었고, 어상들이 조기를 사서 전국 각지로 판매하는 파시장이 형성되기도 하였다.

조기잡이가 성행하였던 고군산도의 앞바다에는 어량(魚梁)이 있어서 매년 봄과 여름의 고기잡이철이 되면 각 읍의 상선이 구름처럼 몰려들어 해상에서 판매를 했는데, 주민들은 이로써 부유해져 집과 의복을 다투어 다듬는데 그 호사함이 육지보다 심하다고 하였다.

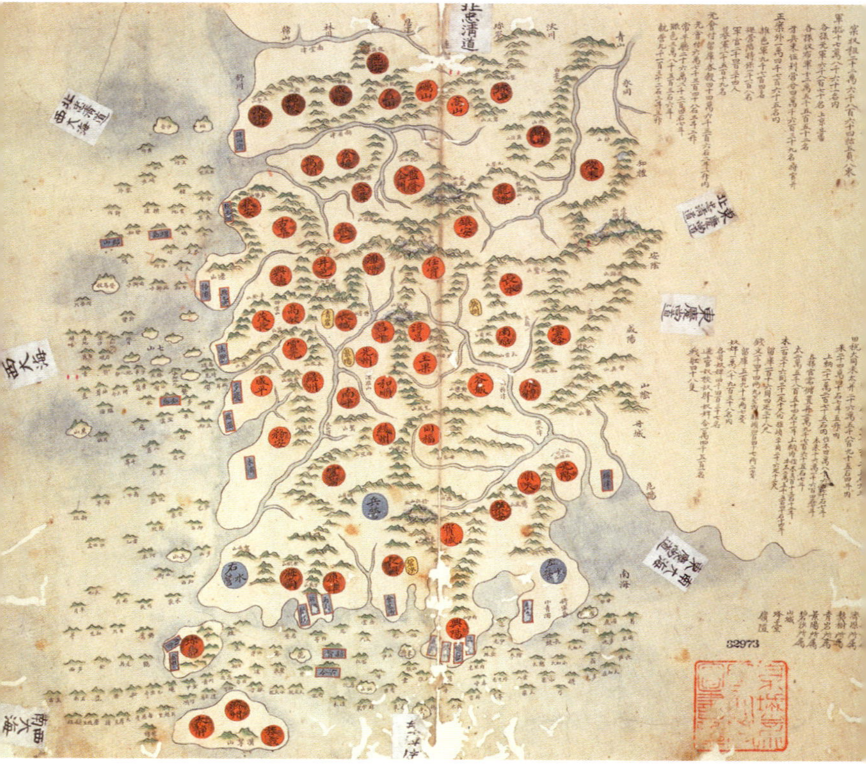

1872년 전라도 지도 규장각

2. 청해진의 무역선

장보고와 청해진

신라가 삼국을 통일하고, 당이 중국을 통일하면서 두 나라 사이의 무역 활동은 더욱 활발히 전개되었다. 두 나라 사이에는 공식적인 사신뿐만 아니라 유학생 · 승려 · 상인들의 왕래가 빈번했다. 당으로 가는 바닷길은 지금의 전라도 영암에서 양쯔강 방면으로 가는 길과 경기도 남양만에서 산둥 반도로 가는 길 두 가지가 있었는데, 산둥 반도로 가는 길이 널리 이용되었다. 왜냐하면 당나라의 서울은 산둥 반도에서 더 가까웠기 때문이다.

많은 신라 사람들이 배를 타고 산둥 반도나 양쯔강 유역으로 몰려들었다. 어찌나 많은 사람들이 당나라로 건너가 활동했던지 산둥 반도나 양쯔강 유역에는 신라인들이 모여 사는 신라방이라는 집단 거류지까지 생겨났다. 신라에서는 이들을 보호하고 관리하는 관청을 두었으며, 이곳의 거류민들은 신라원이라는 절을 세워 배를 타고 오고갈 때의 안전을 기원하였다.

옛말에 의하면 신라에서 당으로 가는 뱃길에는 신라인들의 배가 줄을 이었다고 한다. 그만큼 신라인들은 황해를 자기 안마당으로 생각하며 자유롭게 오갔는데, 이는 배를 만드는 기술과 배를 부리는 기술이 그만큼 뛰어났기 때문에 가능한 일이었다. 신라인들은 중국뿐 아니라 일본

장보고 영정

도 활발히 오갔다. 신라인들이 해외로 많이 진출하고 신라와 무역하러 오는 외국의 장사치들이 많아지자, 황해와 남해 바다에는 해적들이 들끓기 시작하였다. 해적들은 물건만 빼앗아 가는 것이 아니라 사람까지 끌고 가 중국이나 일본에 노예로 팔았다.

이 때 당나라에는 장보고가 일찍부터 신라에서 건너와 무령군 소장이란 벼슬을 하고 있었다. 그는 본래 전라도 남쪽 바닷가에서 태어났는데, 상인들의 농간으로 노예로 팔려갔다. 그는 당나라의 벼슬아치 집에서 종살이를 하던 중, 주인 아들을 들짐승의 습격에서 구해내고, 이를 계기로 노예 신분에서 벗어났다. 그 후 장보고는 피나는 노력으로 학문과 무술을 닦아 당나라 무과에 합격하였다.

장군이 된 장보고는 이곳저곳을 돌아다니다가 신라에서 잡혀와 종살이를 하는 사람들의 모습을 보고 분개하여 당나라의 벼슬을 사임하고 귀국하였다. 그는 귀국하면서도 당나라에서 억울하게 종살이를 하던 신라 사람들을 구출하여 몇 척의 배에 나누어 싣고 고국으로 돌아왔다.

신라에 당도한 장보고는 해적을 소탕하기로 결심하고 흥덕왕에게 1만 명의 군사를 얻어 지금의 전라도 완도 해안에 청해진을 설치하였다. 청해진은 한반도 서남단 다도해에 자리잡고 있어 황해와 남해를 모두 제압할 수 있는 해상의 군사 요지일 뿐 아니라 당시 당나라 · 신라 · 일본을 잇는 항로가 뻗쳐 있어 해상 무역로의 동맥을 이루고 있었다. 국왕의 허가를 받고 이곳에 기지를 건설하였지만, 신라 정부는 통제할 힘이 없었고 수도에서도 멀리 떨어져 있어 장보고는 거의 독립 국가처럼 청해진을 다스렸다.

장보고는 바닷가를 샅샅이 탐사하여 해적이 숨어 있을 만한 곳과 무기를 찾아내는 한편, 바다 경험이 적은 군사들을 물에 익숙해지도록 훈련시켰다. 또한 드나드는 배를 감시할 수 있도록 높은 곳에 망루를 쌓고 큰 나무를 베어 여러 종류의 배를 만들었다. 먼저 1백여 척의 싸움배를 만들었다. 장보고는 이들 싸움배 1백여 척을 직접 이끌고 곳곳을 누비며 노략질하는 해적들을 닥치는 대로 소탕했다.

청해진의 선박 완도군

장도의 선창

장보고가 해적을 소탕하고 바다의 왕자가 될 수 있었던 것은 배를 잘 만들고 부릴 수 있었기 때문이었다. 장보고가 배를 만들었던 곳은 지금의 완도군 장좌리에서 약 170여 미터 떨어진 장도라는 작은 섬이었다. 완도에는 해송이 많았다. 해송은 배를 만드는 데 있어 좋은 재료였다. 장보고는 여기에 성을 쌓고 기지를 건설하였는데 이곳이 청해진의 선창이요 조선소였다.

장보고는 군사들로 하여금 나무를 베어 바닷가로 운반하게 한 다음, 곳곳에서 이름난 목수들을 소집하여 대대적으로 조선 작업을 폈다. 처음에 만든 1백여 척은 주로 싸움배였다. 그러나 해적이 소탕된 뒤에는 중국 · 일본과 무역하기 위해 장삿배를 주로 만들었다. 장삿배는 싸움배와 달리 짐을 많이 실어야 했다. 짐배는 배 밑이 평평하고 이물비우 · 고물비우도 평평한 것이 일반적이다. 배의 길이와 너비도 늘어났고, 뱃전도 높았다.

1984년 완도군 약산면 어두리 앞바다에서 인양된 배는 고려 시대의 배였지만, 청해진의 장삿배도 이와 크게 다르지 않았으리라고 추측된다. 인양된 배 밑 길이는 20자, 너비는 5자 정도로서 배 밑의 만듦새는 약 한 자 너비의 네모난 통나무 5개를 연결하고 있다.

청해진을 설치하여 막강한 싸움배를 거느리고 해적을 소탕한 장보고는 곧 남해와 황해의 무역로를 지배하여 해상 무역을 독점하였다. 군대를 계속 유지하기 위해서 많은 재화가 필요하였던 장보고는 무역을 해서 비용을 마련하였다. 따라서 싸움배와 아울러 규모가 큰 장삿배를 많이 만들었다. 그는 아랫사람들로 하여금 이 배를 이용해 당나라의 물건

장보고 무역 항로 코리아비주얼스

을 사서 일본이나 신라에 팔고, 일본에서 물건을 사서 당나라에 팔도록 하였다.

장보고는 이른바 당에 견당 매물사라는 사절을 보내어 이들로 하여금 무역선을 인솔케 하였다. 당에서는 장보고가 파견하는 무역선을 개인 소유로 보지 않고, 국가 대 국가의 무역선으로 인정하여 교관선이라 부를 정도였다. 장보고는 일본에도 회역사라는 사절을 파견하였는데, 이 때 일본은 당이나 신라의 물품에 매우 애착을 갖고 있어서 장보고의 무역선을 환대하였다. 상품의 인기가 높아 선납하는 일본인들도 있었다.

막강한 군사력을 바탕으로 장보고는 공무역을 가장하고서 신라 · 당 · 일본 사이에서 해상 중계 무역을 독점하여 막대한 재산을 모았으니, 동양사 연구로 이름 높은 미국의 역사학자 라이샤워(Edwin Reischauer)는 장보고를 바다의 왕자, 무역의 왕자라고 높이 평가하였다.

장보고가 막강한 해상 세력으로 성장하자, 경주를 근거로 하는 조정의 벼슬아치들도 그를 무시할 수 없게 되었다. 장보고는 그 누구의 간섭도 받지 않고 정치적 · 군사적 · 경제적으로 독립된 왕국을 지배하고 있었던 것이다. 바다에서뿐만 아니라 강진 · 영양 · 해남 · 나주 등 육지에서도 그의 힘은 막강하여 실각한 중앙의 관료들이 그에게 망명을 하기도 했다.

당시 수도 경주에서는 왕위 계승을 둘러싸고 피비린내 나는 싸움이 계속되고 있었다. 그 싸움에서 진 김우징 · 김양 등은 장보고를 찾아와 보호를 요청하였다. 이러한 상황을 살핀 장보고는 중앙의 정치에도 관여하였다. 즉, 김우징을 도와 5천 명의 군대를 보내 민애왕을 내쫓고 신무왕을 왕위에 앉혔다. 신무왕은 보답으로 장보고의 딸을 왕비로 삼으려고 하였으나 6개월 만에 병사하였다. 신무왕의 아들 문성왕도 아버지의 뜻을 받들어 장보고에게 진해장군의 벼슬을 주고 장보고의 딸을 왕비로 맞이하고자 했으나 귀족들은 장보고의 신분이 미천하다고 하여 이를 강력하게 반대하였다.

장보고의 세력이 커짐을 시기하던 무진주 즉, 광주 지방의 세력가 염장이 이 같은 동정을 조정에 보고하자, 문성왕은 혹시 장보고가 무슨 일을 저지를까 염려하여 염장으로 하여금 장보고를 제거하도록 지시하였다. 그리하여 장보고는 염장의 칼에 맞아 죽었다. 이후 신라 정부는 청해진을 완전히 혁파하고 그곳의 주민들을 김제 지방으로 강제 이주시켰다. 이로써 신라 · 당 · 일본 사이에서 크게 위세를 떨치던 청해진의 해상 세력은 자취를 감추게 되고, 바다는 임자 없는 무대로 남게 되었다.

서긍이 본 고려의 배

청해진이 혁파된 이후 신라 왕실의 힘은 더욱 약해져 변방에서는 저마다 힘을 자랑하는 무리들이 나타났다. 육지에서는 호족들이 스스로 장군이라 칭하면서 인근의 백성들을 마음대로 지배하는가 하면, 곳곳에서 도적떼들이 할거하였다. 바다에서도 그 동안 장보고에 눌려 세력을 펴지 못하던 무리들이 힘자랑을 하였다. 즉, 경상도 진주의 왕봉구, 김해의 이언모, 전라도 목포의 능창, 경기도 개성의 작제건 등은 무역을 통해 재화를 많이 모으고, 또 이 재물로 군대를 키워 세력을 다져 나갔다.

고려 왕조를 세운 왕건은 곧 작제건의 손자였다. 작제건은 항해술에 능하고 담력도 세어, 배를 타고 거친 파도를 헤치고 중국으로 오가며 장사를 하여 많은 재산을 모았다. 그는 사병도 많이 거느렸는데 개성 · 정주 · 연안 · 배천 등의 장사치들은 작제건의 배에 물건을 싣고 중국에 가

청동거울 고려 시대, 국립공주박물관

서 처분하여 많은 이익을 남겼다. 작제건의 아들인 왕륭도 무역 활동을 활발히 전개하여 궁예에게 정치 자금을 대주기도 하였다. 이와 같이 왕건의 집안은 일찍부터 많은 상선을 가지고 중국 무역에 종사하던 해상 세력이었다. 이후 왕건은 이를 수군으로 개편하여 견훤을 제압하고 고려를 세우게 된다.

따라서 고려 왕조는 처음부터 바다로의 진출에 적극적이었다. 고려 왕조가 번성해 갈 때 중국에서는 송나라가 국력을 키우고 있었다. 송은 생산 활동이 활발하여 문물이 번창하였다. 고려에서는 조정뿐 아니라 민간에서도 송과 무역하기를 원했다. 고려 사람들은 송으로부터 비단 · 약재 · 서적 등을 수입하였으며 금 · 은 · 자개그릇 · 화문석 등을 수출하였다. 많은 고려인들이 송나라를 찾아갔고, 송나라 사람들도 자주 고려를 찾아왔다. 송나라 사신 서긍은 고려에 와서 보고 들은 것을 『고려도경』이란 책에 기술하였다. 이 책에 의하면 고려의 배는 중국의 배와는 달랐다.

고려의 배는 선실, 즉 뱃집이 있는 큰 배로서 뱃집 위는 뜸으로 덮개를 하였고 그 아래에는 문짝과 창문을 달았다. 뱃전 둘레에는 난간이 있어서 가로다지 나무로 삼판을 꿰뚫어 냈으며, 배의 윗부분은 배 밑보다 넓었다. 배 앞의 이물비우와 뒤의 고물비우가 다 같이 평평하고 곧게 되어 있는데, 이물비우에는 닻줄을 감는 닻줄 물레가 있고, 배 위 가운데에는 큰 돛대를 세웠다. 이 같은 모양새는 현재 남아 있는 고려 시대 구리 거울의 표면에 새겨진 그림에서도 볼 수 있다. 이로 볼 때 고려 시대의 배는 배 밑이 평평하고, 뱃전은 턱을 따내고 널판대기를 겹쳐서 무어 올렸으며, 가로다지로 위에는 대들보라 할 수 있는 멍에, 멍에 아래의 뱃전에는 구멍을 뚫어서 길다란 장쇠를 꿰어 박았다. 칸막이는 별도로 없고 긴 통나무 막대기를 가로 걸었다.

배를 만드는 데는 여러 종류의 나무가 쓰였는데 바깥을 두른 외판과 밑바닥 판은 대부분 소나무였으나 외판에는 상수리나무, 밑판에는 비자나무를 섞었다. 좌우 외판을 긴 가로 통나무로 연결하여 벌어지는 것을 막는 가룡목과 밑판을 옆으로 서로 이어주는 장쇠는 상수리나무이고 외판을 아래위로 연결하는 데 쓰인 나무못 피새는 느티나무였다. 또 밑판

고려 원양 무역선 추정 복원 도면　코리아비주얼스

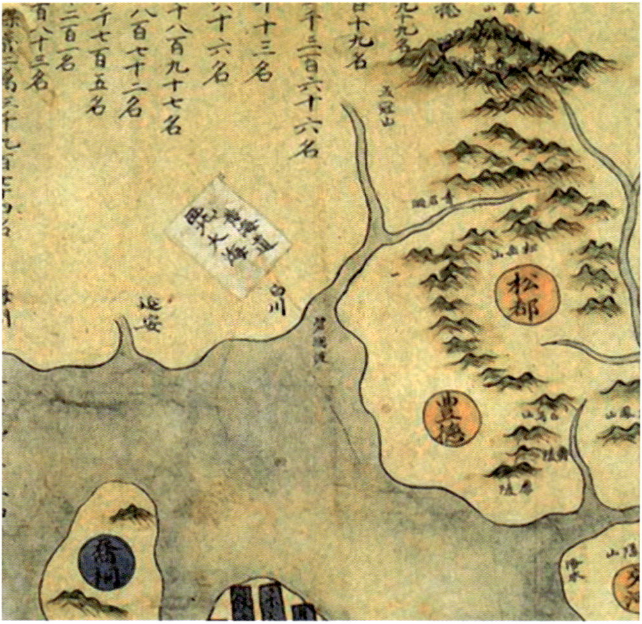

벽란도

을 보호하도록 덧댄 나무에는 졸참나무와 굴피나무가 쓰였다.

고려 사람들은 이러한 배에 물건을 잔뜩 싣고 넓은 바다를 건너 중국 · 일본 등지를 오가며 장사를 하였는데, 큰 배에는 70명 정도의 사람이 타고 다녔다 한다.

1984년 3월 전라남도 완도군 약산면 어두리 앞바다에서 문화재청이 작은 배 한 척을 건져 올렸다. 약 3만여 점의 청자를 싣고 있던 이 배를 완도 고려선이라 칭하는데, 갑판 부분이 없어지긴 하였지만 뱃몸의 상당 부분이 비교적 양호한 상태로 남아 있었다. 이 배는 길이 9m, 너비 3.5m, 깊이 1.7m 크기에 약 10톤 규모의 외돛배로서 고려 초기인 11세기 후반 남해안 일대를 항해하다가 침몰한 장삿배로 추측되었다.

또 1995년 여름 목포시 달리도 앞 개펄에서도 나무배 1척이 발굴되었다. 이 배는 방사성 탄소 연대 측정법으로 조사한 결과 13~14세기경 고려 사람들이 사용한 배로 추정되었다. 크기는 길이 10.5m, 너비 2.7m, 깊이 0.8m 정도인 약 10톤짜리 배인데, 몸체는 소나무를 사용하였으며 가룡목은 상수리나무와 졸참나무로서 완도선과 크게 다르지 않았다.

벽란도의 무역선

고려와 다른 나라와의 무역이 번창하면서 예성강 어구의 벽란도가 국제 무역항으로 주목받았다. 벽란도에는 송나라를 비롯하여 거란 · 여진 · 일본 그리고 멀리 아라비아의 장삿배도 모여들었다. 주로 송과의 교역이 활발하였는데, 송나라가 북중국에 자리잡았을 때는 벽란도-옹진-산둥반도-덩저우에 이르는 항로가 발달하였고, 송나라가 양쯔강 이남으로 옮겨 간 뒤에는 벽란도-흑산도-밍저우에 이르는 뱃길이 활성화되었다.

고려 때 무역 활동이 번창했던 것은 배를 만드는 기술과 부리는 기술이 이때에 이르러 현저하게 발달하여 앞에서 살펴본 완도선에서와 같이 독특하였다. 특히 뱃전의 윗면에 턱을 따내고 위 뱃전을 겹쳐서 무어 올린 방법과 나무 못으로 뱃전을 연결하는 방법은 우리 배가 지닌 독특함이었다. 그리고 뱃전 좌우에 구멍을 뚫고 장쇠를 꿰어 걸었는데, 이는 뱃전이 좌우 양쪽으로 벌어지는 것을 잡아 주고, 밖에서 미는 바닷물의 압력을 지탱해 주는 역할을 했다. 이 같은 만듦새는 중국 · 일본 등 다른 나라의 배와는 전혀 다른 것이었다.

고려 사람의 배 부리는 기술도 크게 돋보여 동지나해의 넓은 바다를 쉽게 건너다녔는데, 계절풍을 적절히 이용하면 벽란도에서 밍저우까지 보통 4일만에 항해하였다. 동지나해 바다는 파도가 거칠어 송나라 뱃사람들도 매우 힘들어하던 항로였다.

활발하던 고려 시대의 무역 활동은 고려 후기 원이 중국을 지배하면서 쇠퇴하여 갔다. 원나라는 사막에서 일어난 나라였기 때문에 바다를 통한 교류를 좋아하지 않았다. 또 육지에서 국경을 접하고 있었기 때문에 고려로서는 해상으로 왕래할 필요성이 없어졌다.

조선 왕조가 세워진 뒤에는 바다에서의 왕래가 법으로 규제되어 대외 무역 자체가 엄격히 제한되었다. 조선 왕조가 발전할 때 중국에서는 명이 세력을 떨치고 있었다. 조선은 명과 친선 관계를 유지하여 국가의 안정을 도모하고자 하였으므로 1년에 여러 차례 사절을 파견하였는데, 이 때 물품의 교역이 이루어졌다. 그 무역을 조공 무역이라고 하였는데, 전적으로 육로를 통해서 이루어졌다. 사절은 압록강을 건너 센양을 거쳐 명나라 수도인 베이징으로 갔다. 중국의 사절도 이 길을 통해 조선으로 왔다.

조선 왕조가 먼바다로 배가 나가는 것을 막은 이유는 왜구 때문이기도 하였다. 고려 말에서 조선 초에 이르는 시기에는 왜구가 우리 나라 연해안을 자주 노략질하여 피해가 아주 컸다. 조정에서는 왜구를 소탕하기 위해 싸움배를 만들어 그들을 토벌하는 한편, 백성들로 하여금 바다에 나가지 못하게 하였다. 심지어 섬에 살고 있던 사람들을 육지로 이주시키는 정책을 쓰기도 했다.

이 때문에 한반도 연해안에는 싸움배만이 오갔고, 세곡을 운반하는 조운선이 싸움배의 보호를 받으며 연해안 항로를 왕래하였다. 민간인들은 뭍에서 멀지 않은 바다에서 고기잡이를 하는 것이 고작이었다. 따라서 조선 시대에는 나라와 나라 사이에 장사하는 배는 거의 오고가지 않았다. 바다에서의 무역 활동은 개항 이후에야 새롭게 시작되었다.

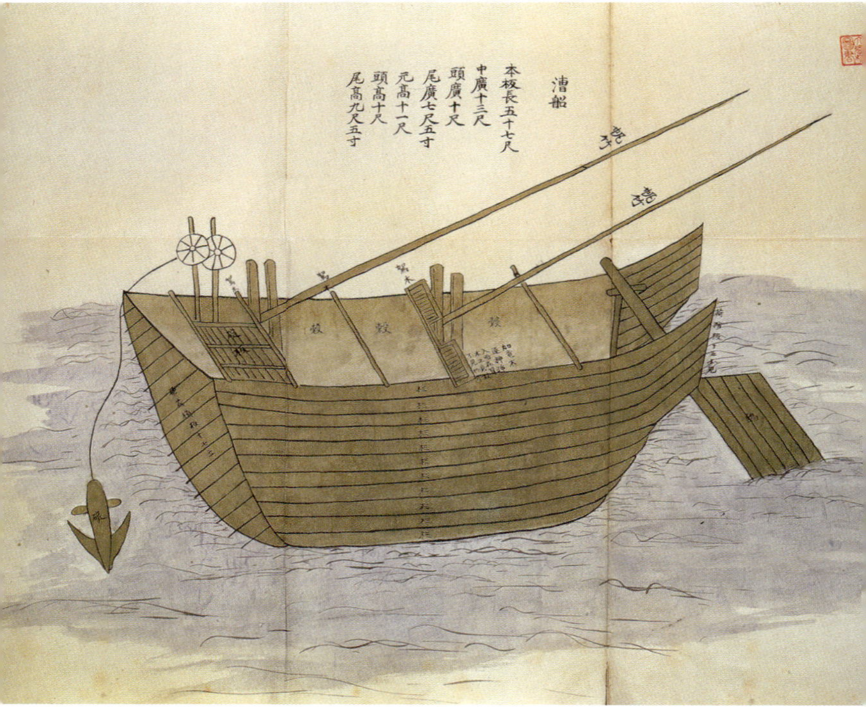

조운선 규장각

3. 세곡을 운반하는 조운선

세곡이란 국민이 조세로 납부하던 곡물을 말한다. 화폐의 유통이 활발하지 않았던 200년 전까지는 물건을 사고 팔 때 곡물이나 포목을 화폐로 사용하였고, 조세도 곡물이나 포목으로 납부하였는데 곡물 가운데서도 쌀이 세곡의 대부분을 차지하였다. 고려 시대나 조선 시대에는 세곡이 없으면 나라 살림을 운영하지 못하였다.

각 지방의 행정을 책임 맡고 있던 수령의 첫째 임무는 세곡을 잘 걷는 일이었다. 수령은 농민들에게서 걷은 세곡을 서울로 운반하기 쉬운 장소에 옮겨 놓아야 했다. 세곡과 같이 물량이 많고 먼 거리까지 운반해야 하는 화물은 주로 배를 이용하였는데, 배로 운반하기 위해서는 강가나 바닷가로 세곡을 운반해야 했고 그 곳을 조창이라고 했다.

조운선의 건조

주로 서해안이나 남해안 그리고 한강 연안에 조창을 세웠는데, 고려 시대에는 창원 · 사천 · 승주 · 영암 등 13곳에, 조선 시대에는 아산 · 충주 등 9곳에 조창이 있었다. 조창에서는 보관하고 있던 세곡을 경창으로 운반하기 위해서 각기 소정의 조운선을 비치하고 있었다. 조운선은 조선이라고도 하는데, 세곡을 운반하기 위하여 특별히 건조한 일종의 화물선이었다.

고려 시대의 조운선은 크게 초마선과 평저선으로 나뉘었다. 초마선은 바다를 오가는 큰 조운선이고, 평저선은 한강을 오르내리는 작은 조운선을 말한다. 초마선에는 미곡 1천 석을, 평저선에는 미곡 2백 석을 실을 수 있었다. 우리 나라에서는 일반적으로 1석이 대두 15말이었고, 미곡 1석은 약 150kg이 된다. 따라서 1,000석이라면 약 150톤이 된다. 현재의 단위로 고쳐 쓴다면 1,000석을 실어 나를 수 있는 배는 적재 중량이 150톤에 이르는 그 당시로서는 매우 큰 배였다고 할 수 있다. 배의 길이가 96척이라 했으니, 오늘의 미터법으로 환산하면 약 30m에 이른다. 조선 시대에도 이와 비슷하였다.

조창에 비치된 조운선은 국가가 직접 건조하여 조달하였다. 대규모의 조운선 건조 작업은 1401년에 이루어졌다. 250척의 조운선이 한강 연안에서 건조되어 충청도 · 전라도 · 경상도에 분배되어 세곡을 운반했다. 이어서 1413년에는 평저선 80척이 이 곳에서 건조되어 한강에서 조운 활동을 폈다. 1460년에도 조운선 100척이 건조되었다.

그 후에도 수시로 조운선이 건조되었는데, 한강 외에도 충청도의 안면도 · 전라도의 변산과 완도 등지에서도 조운선이 건조되었다. 배는 오래되면 나무가 부패하여 쓸 수 없게 되고, 또 수시로 침몰 사고가 일어나서 선박의 확보가 쉽지 않았다. 그리하여 선박의 보수와 관리에도 힘을 기울였지만 새로이 건조하는 데도 역점을 두었다. 조선 후기에는 상품 화폐 경제가 발달하면서 운송업이 활기를 띠었고, 그 영향으로 민간에서도 배를 잘 만들어 썼다.

세곡을 실어 나르기 위해 특별히 제작된 조운선은, 그 때문에 구조가 다른 배와는 달랐는데 우선 규모가 컸다. 서울대학교 규장각에 소장되어 있는 『각선도본』에는 조선 시대 조운선의 그림이 실려 있다. 편자가

조운선 모형 국립해양유물전시관

알려져 있지 않지만, 『각선도본』은 조선 후기의 전선 · 병선 · 조운선 등의 구조적 특성과 선형을 그림과 함께 설명한, 한국 선박 연구의 결정적 자료이다.

그 설명에 의하면, 조운선은 배 밑의 길이가 57자, 즉 173m, 가운데 판의 너비는 13자, 즉 39m, 이물 쪽 너비는 10자, 고물 쪽 너비는 7자 5치였다. 그리고 뱃전의 가운데 높이는 11자, 이물 쪽 높이는 10자, 고물 쪽 높이는 9자 5치였다. 2개의 돛대가 있었고, 뱃전 위에 4개의 멍에를 걸었다. 이물에는 선멍에, 고물에는 고물머리 멍에를 걸었다. 이물에는 닻줄 물레에 닻이 매달려 있고, 고물비우는 가로다지로 10쪽의 널을 이어 붙였는데 밖에서는 안 보였다. 고물에는 키가 있고 이물비우는 가로다지로 17쪽의 널을 이어 붙였다. 특히 바닷배의 모양은 강배와 달리 배 밑이 그리 넓지 않아서 깊은 바닷속을 신속히 헤쳐 나가도록 했다.

이와 같은 규모의 조운선은 조선 후기 일반적으로 제작된 병선보다 훨씬 큰 것이었다. 많은 양의 세곡을 싣고 바다를 운항해도 안전하였던 것은 배의 구조 역학을 충분히 고려하였기 때문이다. 즉 넓고 두터운 배 밑을 평탄하게 깔고 삼판과 이물 · 고물 등을 세워서 필요한 대로 멍에를 가로로 설치하며, 참나무 못으로 바늘로 누비듯이 고착시키고, 특히 양쪽 삼판을 장쇠로 꿰뚫어서 끼움으로써 조임새를 강하게 했다. 이러한 조운선의 구조는 고려 시대의 조운선이었던 초마선을 계승하였다고 할 수 있는데, 화물 운반선이었기 때문에 비가 올 때는 멍에 위에 서까래를 세워 지붕을 만들고 그 위에 뜸을 입혀 덮었다. 그리고 곡식을 더 싣기 위하여 삼판을 덧붙이기도 했다.

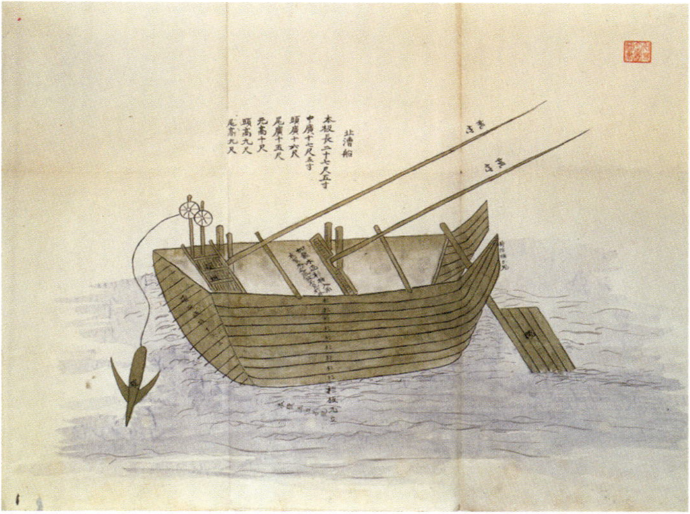

북조선 규장각

한강의 황포돛배

한강에서 세곡을 운송하던 조운선은 공식적으로는 수참선이라고 했는데, 참선 · 강선 · 평저선 등으로도 불리었다. 한강에서의 조운은 고려 시대에도 활발하여 충주의 덕흥창에 20척, 원주의 흥원창에 21척의 평저선이 비치되어 가까운 지역의 세곡을 당시의 서울인 개경으로 운반하였다. 조선 시대에는 충주 · 원주 외에 춘천에도 조창을 설치하고, 배의 수효도 늘여서 3개 조창의 세곡을 실어 나르는 배가 모두 51척이나 되었다.

한강의 운반선 사진 제공 정성길

이들 수참선의 구조는 평저선이라는 이름에서와 같이 배 밑이 평평한 것이 특징이었다. 그것은 강물이 깊지 않고, 물줄기가 굽이굽이 돌아가며 물 속에 바위들이 솟구쳐 있었기 때문에, 이러한 지리적 조건에 알맞게 적응하면서 안전하고 신속하게 운항하도록 배를 만들었기 때문이다. 한강은 수심이 일반적으로 2m 이내였다.

우리 조상들은 자연 조건을 최대한 살리면서 효과를 극대화하고자 하였다. 그것은 순리대로 하는 것이었다. 가랑잎이 떠가듯이 물살 흐르는 대로 배가 흘러가게끔 배 밑을 평평하게 했고, 이 때문에 모래톱에 쉽게 닿을 수도 있었다. 이러한 배 밑의 만듦새는 어느 나라에서도 찾아볼 수 없는 독특한 것이다. 돛만 높이 올리면 아무리 짐을 많이 실어도 넘실넘실 쉽게 흘러가는 수참선이 곧 황포돛배였다.

수참선의 구조는 바닷배와 달리 모양새가 평면도로 보면 길쭉하다. 전반적으로 보아서 바닷배보다 적재 용량은 반 정도였으나, 배의 길이는 바닷배보다 더 길었다. 즉 큰 배의 경우, 바닷배는 곡물 500석 이상을 실었으나 강배는 250석이 최대의 적재 용량이었다. 그런데 배의 길이는 바닷배가 42자 정도였으나, 강배는 50자 정도였다. 이에 대해서 배의 너비는 바닷배가 넓은 데 비하여 강배는 좁았다. 즉 바닷배의 너비가 18자인 데 대하여 강배의 너비는 10자 정도였다. 그것은 넓은 바다를 오가는 바닷배와 달리 강배는 좁은 강물을 따라 배를 부려야 했기 때문에 물살이 급한 곳에서는 배질을 잘해야 했다.

2003년 12월 하남시가 복원 건조한 황포돛배의 크기는 길이가 21m에 너비가 3m였다. 돛대의 길이 11m, 노의 길이 5.9m, 키의 길이 2.4m로서, 500석을 충분히 실을 수 있는 큰 배였다. 이를 물살이 심한 한강에서 잘 운항하는 데에는 매우 숙련된 기술이 필요했을 것이다.

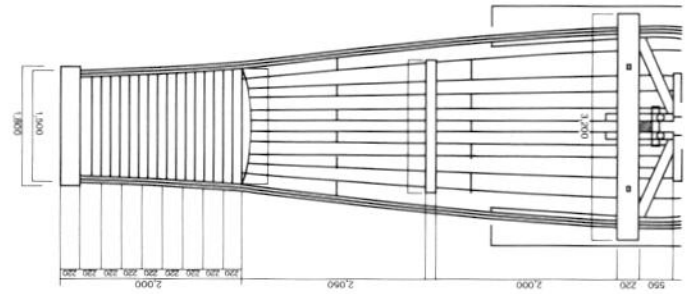

이물비우 평면도

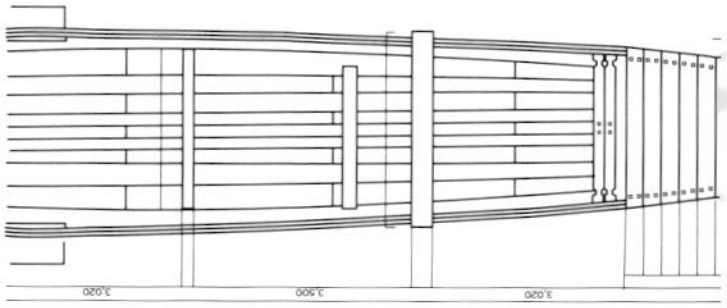

고물비우 평면도

바다를 오가는 조운선

한강에서는 수참선이 세곡을 운송하였지만, 조운선의 주된 활동 무대는 바다, 그것도 주로 서해안이었다. 조세로써 징수된 세곡의 물량은 많을 때는 40만 석, 적을 때는 30만 석 정도였다. 『반계수록』에 의하면 이들의 80%가 조운되었다. 즉 총 세액 30만 석 중 26만 석이 조운되었다고 한다. 그런데 26만 석의 세곡은 그 대부분이 바다를 오가는 해운선에 의해 운송되었다.

가흥창 · 흥원창 · 소양강창 등에서 수참선으로 세곡이 운반되는 인근 지역은 구릉 지대여서 생산량이 많지 않았고, 세곡의 양도 적어 3만 석 정도가 운반되었다. 따라서 조선 왕조는 연해안에서의 해운에 역점을 두었다.

바다로 운반되는 세곡의 비중이 막대하였건만, 그 운반 과정이 용이한 것은 아니었다. 낙동강 입구에서 남해안 · 서해안을 거쳐 한강 어구로 이어지는 조운로는 해안선의 굴곡이 심하고 암초가 곳곳에 있어서 해난 사고가 매년 연례 행사와 같이 일어났다. 1403년 경상도의 조선

34척이, 1414년 전라도의 조선 66척이, 1455년 전라도의 조선 54척이 침몰하는 대규모의 사고가 있었다. 정부의 관료들은 항로 표시를 자세히 하고 암초를 제거하여, 선원들로 하여금 태풍이 부는 때를 피하여 운항하도록 지시하고, 곡물도 과적하지 못하게 하였다. 선박의 구조도 고쳐 안전하게 세곡을 운항하도록 조선술을 여러모로 연구하였다. 한편 해난 사고로 선박이 파손되어 운반할 배가 부족하자 세조 때는 병선을 개조하여 조운에 쓰기도 하였는데 이를 병조선이라 하였다.

병조선은 외판을 한 겹으로 만들었고 높이가 높아서 전투에도 유리했으며, 배 밑이 평평하고 이물과 고물 부분이 좁지 않아서 세곡을 싣기에도 편하였다. 그리고 병선에 설치하는 상장을 간단히 해서 조운할 때는 쉽게 장쇠와 갑판 등을 철거토록 하였다. 병조선은 명종 때 판옥선이 개발될 때까지 병선이라고 불렸지만 조운에 보다 유용하게 쓰였다. 병조선 1척이 싣는 세곡은 약 8백 석 정도로서 그 이전의 조운선보다 많이 실었다. 이들 병조선은 충청도 · 전라도 연해안을 오가며 세곡을 서울로 운반하여 국가의 살림살이를 튼튼히 하는 데에 나름대로 이바지하였다.

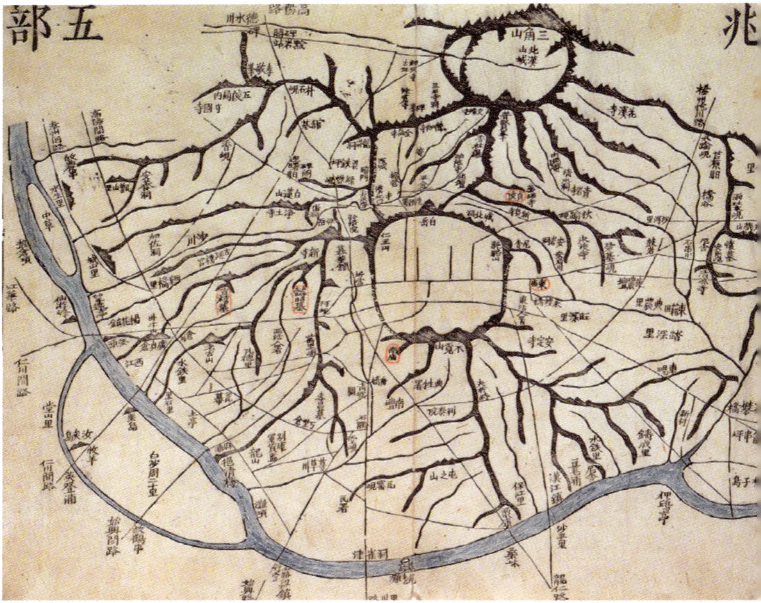

경조오부도의 한강 규장각

4. 지토선과 경강선

지토선의 활동

조선 후기에는 현물로 내던 공납을 미곡으로 내게 하면서 배로 운송할 물량이 크게 늘어났다. 많은 양의 세곡은 거의 사선에 의해 운반되었다. 사선 가운데서도 처음에는 지토선이 세곡 운송의 소임을 맡았다. 지토선이란 지방 사람들이 소유한 배를 말하는데 일반적으로 그 규모는 소형이었다. 처음에 위정자들은 지토선이 풍랑이 거센 바다를 왕래한다는 것이 불가능하다고 보고 화물선으로 주목을 하지 않았다. 그러나 선박이 부족하고 운송 물량이 늘어나면서 사람들은 지토선의 규모를 크게 하였다. 이후 배 밑의 길이가 80자 이상이나 되어 세곡을 1천석이나 싣는 배도 나타났다.

배의 중요성이 강조되면서, 배의 형태가 개량되었을 뿐 아니라 운항능력도 향상되었다. 곡물 · 시탄 · 생선 · 소금 · 목재 등이 거의 배로 운반되면서 선인들의 항해술도 크게 향상되어 지토선의 활약은 근거리 항해에 머물지 않고, 연해안이나 큰 강을 오가며 행상과 어로 활동을 펼 정도로 두드러졌다.

지토선의 성능을 알게 된 위정자들은 세곡을 지토선으로 운반하고자 하였다. 특히 대동법의 시행으로 세곡의 물량이 크게 늘어나자 그 운송을 조운선에 기대할 수 없는 상황에서 대동미는 원칙적으로 지토선으로 운반하도록 법으로 정하였다. 그리하여 연해안 또는 하천 연변에 발달하고 있던 포구는 지토선이 기착하는 선착장으로서 그 기능을 발휘하며, 세곡 운송의 기지로 정착되어 갔다. 이후 전국에서 거두어지는 세곡의 대부분을 지토선으로 운반하였다.

경강선의 활약

조선 시대 이래 우리 나라는 한양, 즉 서울을 중심으로 발전하였다. 한양을 끼고 흐르는 한강은 최대의 소비 도시인 한양의 젖줄이었다. 한양은 정치 · 문화의 중심지이므로 전국 각지에서 물화가 모여들었다. 육로 운송 수단이 발달하지 못했던 당시에 거의 모든 물화는 배로 운반되었다.

지토선이 17세기 세곡 운송을 주도하였지만, 18세기에는 경강선이 세곡을 주로 운반하였다. 지토선이 외방 포구에 근거지를 갖고 있었던 데 비하여 경강선은 경강 연변에 기지를 두고 있었다. 경강이란 한강을 말하는데, 그중에서도 광나루에서 양화진 사이에 있는 한강의 물줄기를 특히 경강이라고 하였다.

경강은 배가 드나들기에 아주 좋은 입지를 갖추고 있었다. 즉, 경강은 남한강과 북한강 어구에서 합류하는 임진강과 예성강에 의해 중부 내륙 지방과 연결되고, 더구나 남한강이 소백산맥을 넘어 낙동강과 만남으로써 경상도 지방과도 통하는 한편 서해 연안 항로를 통하여 남으로는 충청 · 전라 · 경상도 지방, 북으로는 황해 · 평안도 지방과 연결되었다.

그리하여 경강 연변에는 일찍부터 포구가 발달하였고, 그곳에서 선인들이 어선 · 진선 · 상선 등을 부리며 살아가고 있었다. 경강에서의 선인

화물선 사진 제공 정성길

조선 후기 대동법의 운송 실태
대동법에 의해 세고의 상당량이 지토선이나 경강선으로 운송되었다.

들의 활동은 처음에는 그리 두드러지지 않았다. 그런데 조선 후기에 한양이 상업 도시로 변모하면서 그들의 활동은 분주해졌다. 특히 18세기에는 정치적으로 안정되고 농업·수공업·광업 등에서 생산 활동이 활발해짐에 따라 상거래가 활기를 띠었는데, 그 화물의 운송을 도맡은 것이 경강선이었다. 이 시기의 경강 선인들은 내륙 하천에서 주로 운항하는 수상선을 가지고 연해안은 물론 제주도까지 왕래하며 그 역량을 발휘하였다.

경강선의 구조

경강 선인들은 항해술과 더불어 조선술에 있어서도 뛰어난 솜씨를 보였다. 즉, 지금까지 경강을 중심으로 활동하던 경강선이 그 활동 영역을 벗어나 연해안을 오가면서 원거리 운송을 하게 되자, 그에 대응하여 경강선의 선체 구조를 개조하지 않으면 안 되었다. 깊은 바다에서 거센 파도를 헤치고 무난히 항해하기 위해서는 평저형보다는 첨저형이 유리하였으며, 수상선보다는 흘수선이 높은 수하선이 안전하였다.

선인들은 경강선을 당시 해양 활동에서 주도적 역할을 하던 조운선의 형태와 비슷하게 선체 구조를 개조하였다. 물론 해양을 오가는 경강선이 모두 첨저형 수하선은 아니었다. 본래의 강배에다 해양에 적합하게 부분적으로 구조를 변형시킨 경우도 있었다. 당시 경강에는 많게는 1천여 석을 싣는 배도 적지 않았고, 2~3백 석을 싣는 배까지 합하면 3백여 척의 운송선이 있었다. 1765년(영조 41)의 경우 경강선은 전라도·경상도 지방의 세곡 20만 석을 도맡아 운송하고 있었다. 경강 선인들의 조선술은 많이 싣고도 안전하게 항해하는 데에 특징이 있었는데, 그 우수함이 인정되어 마침내 관청에서 필요한 배까지도 청부받아 조달하기도 하였다.

경강선의 성능이 확인되면서 경강선은 전세곡과 대동미 등의 세곡 · 군량미 · 진휼미 등 정부의 곡물을 용역 맡아 운송하였다. 그리고 재경 지주의 농장에서 거둔 소작료의 대부분도 경강선이 운반하였다. 경강선이 정부나 개인의 화물을 운반하면, 그 대가로 선가를 받았다. 경강 선인들이 받는 선가는 적지 않았는데, 이를 통해 부자가 되는 선주도 있었다. 선인들은 합법적으로 선가를 받아 이익을 취할 뿐 아니라 때로는 규정 이상으로 과적하거나 운반하는 곡물에 물을 타서 그 양을 불려 나머지를 횡령하기도 하고, 세곡 전부를 미리 빼돌리고 얕은 물가에서 고의로 배를 침몰시키는 경우도 있었다. 1728년의 기록에 의하면 경강 선인의 부정 행위로 인하여 손실되는 세곡이 매년 수천 석에 이른다고 하였다. 경강 선인들은 그 배를 이용하여 세곡을 운반하면서 온갖 수단과 방법으로 재화를 모았는데, 이는 그들의 항해술과 조선술이 그만큼 뛰어났기 때문에 가능한 일이었다.

운송업에서 나름대로의 영역을 확보한 경강 선인들은 선상으로 발돋움하였다. 선상 활동이 활발해지면서 조선 후기의 상업 중심지로서 새로이 돋보인 곳이 포구였다. 연해안이나 큰 강 유역에 마련된 포구는 선상 활동이 두드러지면서 전국 각지의 포구를 하나로 이어 주는 상업 기지로 자리를 잡았다. 포구를 거점으로 상거래를 한 상인은 선상(船商) · 객주 · 여각 등이었다. 특히, 선상은 선박을 이용해서 각 지방의 물품을 구입해 다 포구에서 처분하였는데, 운송업에 종사하다가 거상으로 자라난 경강 상인이 대표적인 선상이었다. 그들은 한강을 근거지로 하여 주로 서남 연해안을 오가며 미곡 · 소금 · 어물 등을 거래하였는데 마포가 경강 상인의 주된 활동 무대였다.

마포 선착장 사진 제공 정성길

마포나루
경강선의 근거지로서,
사람들과 배들로 북적인다.

기선의 도입

18세기 이래로 조운선 · 지토선 · 경강선 등의 규모가 커지고 조선술도 발달하여 그 성능이 자못 돋보였으나, 우리 나라의 배는 본래 소나무 판자로 만든 판옥선이어서 구조가 단단하지 못해 거센 파도를 만나면 침몰하기가 쉬웠다. 특히 동해 바다는 바람이 높고 물살이 급하여 이곳 지형에 익숙한 경상도 · 강원도 · 함경도의 동해 바닷가 배들은 서로 통하지만, 남쪽 지방의 배들은 거의 왕래를 하지 않았다. 황해도의 장산곶도 심청이의 설화에서와 같이 풍랑이 심하여 선인들이 왕래하기를 두려워하였다. 그리하여 지토선이나 경강선이 세곡을 운송하면서 지체하는 경우가 많았고 침몰하는 일도 잦았다.

그런데 개항 이후 개항장을 출입하던 기선은 그 모습이 특이하여 사람들이 이양선이라고 불렀지만, 상품을 안전하고 신속하게 운송하였다. 그 규모도 매우 커서 종래의 배보다 몇 배나 더 실을 수 있었다. 새로이 선을 보인 기선은 재래 선박을 압도하며 그 우수성을 널리 과시하였다. 이때의 기선은 해난 사고를 거의 일으키지 않았다.

마침내 정부는 외국 기선을 세내 세곡을 운송하기로 방침을 정하였다. 즉, 1883년 영국의 무역 회사 이화양행으로부터 남승호를 1년간 세내었고, 1885년 독일의 무역 회사 세창양행으로부터 희화선을 세내 전라도 지방의 세곡을 운송하였다. 그러나 외국 기선들이 운항 계약을 제대로 지키지 않았고, 지방민들도 기선에 싣기를 거부하여 세곡은 순조롭게 운송되지 못하였다. 외국 기선을 세내어 쓰면서 커다란 도움을 받지는 못했지만 기선을 이용하면 침몰의 위험이 거의 없고, 한 번에 5천 석 이상의 곡물을 실어 나를 수 있는 이점이 있음을 알게 되었다.

정부는 기선을 구매하여 직접 세곡을 운송하고자 하였다. 즉, 1886년 세곡 운송을 책임 맡고 있던 전운국으로 하여금 해룡호 · 조양호 · 광제호를 구입, 세곡을 운송하게 하였고, 그 밖의 기간에는 연해안 지방을 오가며 무역 활동을 하게 했다. 그 후 1893년에는 이운사라는 정부 직영 운송 회사를 설립, 전운국 소속의 기선과 또 새로이 이운호 · 한양호 등을 구입하여 세곡을 운송케 하였으나, 이듬해 갑오개혁에 의해 조세가 모두 금납화되면서 배로 세곡을 운송하던 제도는 폐지되었다.

거북선 모형　국립해양유물전시관

5. 거북선

한산도의 거북선

경상남도 충무시 앞바다에는 한산도라는 조그마한 섬이 있다. 이곳에서 여수에 이르는 바다는 호수와 같아서 물살이 거세지 않고, 곳곳에 크고 작은 섬들이 있어 그 경관이 특히 아름답다. 사람들은 이곳을 한려수도라고 한다. 이 한려수도에서 임진왜란 때 피비린내 나는 격렬한 싸움이 있었다. 그중에서도 한산도 앞바다에서 벌어진 싸움은 임진왜란 3대첩의 하나로서, 이 싸움에서 거북선을 앞세워 일본군을 크게 무찌른 이순신 장군은 우리 역사에서 가장 존경받는 인물 중의 한 사람이다.

임진왜란은 1592년 일본의 도요토미 히데요시가 일으킨 전쟁으로서, 일본인들의 침략 근성을 잘 드러내고 있다. 기습적으로 부산을 침략한 일본군은 한양을 향해 북상하면서, 한편으로는 군수 물자를 조달하기 위해 한려수도 일대를 약탈하며 서진하였다. 이 때 전라도 해안 경비의 책임을 맡고 있던 이가 이순신 장군이었다. 그는 벌써부터 일본군의 침입을 예상하고, 이에 대비하여 수군을 훈련시키면서 싸움배를 많이 만들고 무기를 개량하였다.

일본군이 부산에 상륙하자, 이순신 장군은 곧 24척의 배를 거느리고 목포 · 사천 · 당포 · 당항포 · 한산도 등지에서 만나는 일본 배를 모두 격침시켰다. 특히 이억기 장군의 함대 25척과 연합하여 일본의 싸움배

73척을 만나 59척을 격파한 한산도 대첩은 이후 일본군으로 하여금 다시는 대적해 보지 못하도록 간담을 써늘하게 만든 싸움이었다.

이 싸움에서 이순신 장군이 독창적으로 개발한 거북선은 눈부신 활약을 하였다. 당포 해전에서 처음으로 위용을 과시한 거북선은 판옥선에 용머리를 하고 철갑으로 덮개를 한 돌격선으로서, 배의 좌우에 총포를 걸고 용머리에서 유황을 태워 연기를 내뿜으며 앞뒤 · 좌우로 포탄을 마구 쏘아대며 적진을 교란시켰다. 이후에도 거북선은 우리 함대의 선봉에 나서서 적선을 공격, 싸움마다 혁혁한 공을 세웠다.

거북선의 구조

거북선은 돌격선으로서 우리 함대가 적의 함대와 맞닥뜨릴 때 뛰쳐나가 적의 대열을 혼란시켰는데, 이 틈을 타서 우리 함대는 총공격을 하였다. 따라서 거북선의 구조는 신속하고도 안전하게 꾸며져야 했다. 1795년에 펴낸 『이충무공전서』에는 거북선의 생김새와 만듦새가 그림과 설명으로 자세하게 묘사되어 있다.

거북선의 크기는 전선만하였는데 배 위를 판대기로 둥그스름하게 덮고 그 위에 창칼을 꽂아 적군들이 기어오르거나 뛰어내리면 창칼에 찔리게 하였다. 배 앞에는 용머리를 달고 그 용의 입을 통해서 대포를 쏘았다. 뒤에는 거북꼬리를 달고 총구를 냈다. 또 배의 좌우에 각각 6개의 대포를 설치하였다.

거북선의 모양새는 기본적으로 종래의 싸움배인 판옥선을 벗어난 것이 아니었다. 판옥선에 용머리와 거북의 등과 같은 덮개를 설치하였을 뿐이다. 통제영 거북선을 중심으로 살펴보면, 모양새는 크게 몸체와 덮

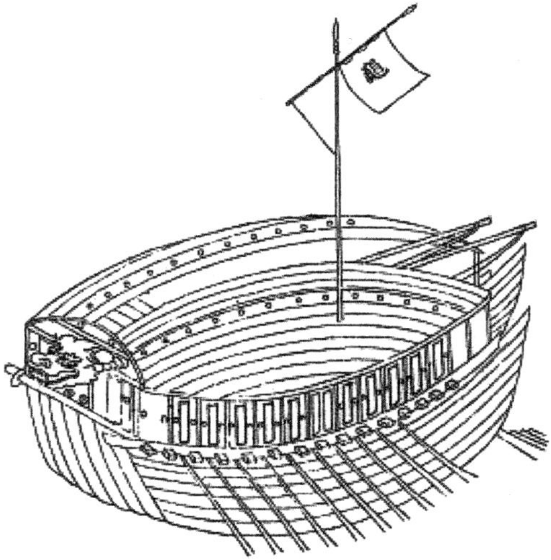

통제영 거북선

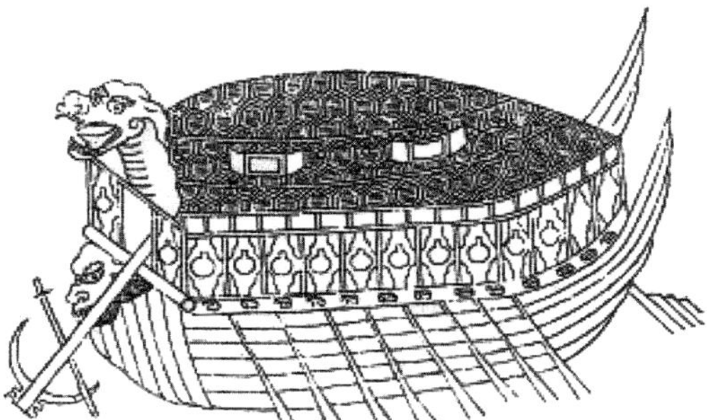

좌수영 거북선

개의 두 부분으로 구분된다. 먼저 몸체는 배 밑이 넓은 판옥선 그대로로서 판대기 10쪽으로 배 밑을 짜 맞추었는데, 길이는 64자 8치, 허리의 너비는 14자 5치였고, 좌우의 삼판은 7쪽으로 무어 올렸는데, 높이는 7자 5치였다.

좌우 뱃전 밖으로 가로로 걸쳐 있는 멍에 뺄목 위에 도리, 즉 신방을 걸고 신방을 따라가면서 안쪽으로 판대기를 깔아 마루방을 만들고, 신방 위에 기둥을 세워 방패를 둘러 세우고, 그 위로 두꺼운 덮개 판을 설치하여 배에 탄 군인이나 노 젓는 사람을 적의 공격으로부터 보호하도록 했다. 즉 판옥선의 상갑판을 없애고 대신 둥그스름한 덮개 판을 씌운 것이다. 전라좌수영 거북선 그림에는 덮개 판에 거북 무늬가 있다. 뱃머리에는 용머리를 달았는데, 안에서 유황과 염초를 태워서 입을 통해 연기를 토해냄으로써 적군을 혼란시켰다. 배의 좌우에 각각 14개의 방패가 있고, 그 방패에 각각 22개의 대포 구멍을 냈으며, 용머리 위쪽에 2개, 그 아래쪽에 2개의 대포 구멍이 있다. 덮개판 위의 좌우에도 각각 12개의 대포 구멍이 있고, 또 그 잔등에 틈을 내어서 돛대를 설치했다.

배를 움직이게 하는 노는 좌우 신방 사이에 각각 10개씩 있었다. 배의 좌우 곁집, 즉 포판 아래에 방이 각각 12칸이 있는데, 무기를 보관하고 군인들이 쉬는 곳이다. 싸울 때는 포판 위에서 대포 구멍에 천자포 · 지자포 · 현자포 · 황자포 등의 대포를 걸고 포탄을 쏘았다. 이와 같이 거북선의 만듦새는 판옥선을 토대로 상장 구조를 크게 개조하여 아군을 안전하게 보호하고 적군을 쉽게 공격하게끔 되어 있는데, 특히 온갖 대포로 무장하여 우세한 화력으로 적을 제압하였음이 두드러진 특징이다.

거북선 구조에 대한 기록은 정조 때 편찬한 『이충무공전서』가 유일하여 거북선의 연구나 거북선의 복원은 모두 이 책에 의존해 왔다. 임진왜

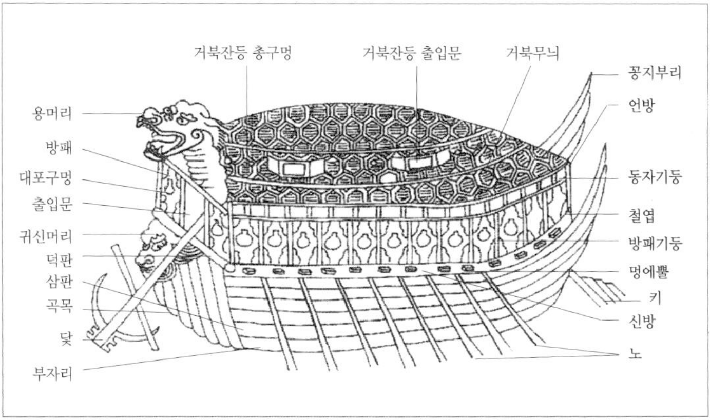

거북선 구조도
전라좌수영 거북선도에 의하면 덮개 판에 거북 무늬가 있고, 뱃머리에는 용머리를 달았으며, 배의 좌우에 각각 14개의 방패가 있고, 그 방패에 각각 22개의 대포 구멍을 냈다.

란 당시의 거북선은 "속력, 화력, 안정성에서 우수한 군선이었다"고 이순신 스스로 평가했듯이 전쟁에서 가장 위험하고 중요한 돌격 임무를 거북선에게 부여했다. 돌격선의 임무를 탁월하게 수행한 거북선의 군공이 인정돼 거북선을 많이 만들어 실전에 배치하자는 것이 조정의 공론이었다. 그럼에도 불구하고 임진왜란 중 거북선은 많이 건조되지 않았으며, 임진왜란이 끝난 직후 오히려 축소됐고, 거북선 개조론이 꾸준히 제기됐다. 거북선의 개조론이 제기된 것은 선체가 커져 돌격선으로서의 임무를 수행할 수 없게 되었기 때문이다.

거북선의 역사

거북선이라는 뜻의 귀선(龜船)이란 명칭은 임진왜란이 일어나기 약 2백 년 전의 기록에 나와 있다. 즉 『태종실록』에 의하면, 1413년 왕이 나루를 건너다가 거북선이 왜선으로 꾸민 배와 훈련을 하는 것을 보았다고 하였고, 2년 뒤에는 거북선이 매우 견고하여 적선이 해치지 못한다고 기록하였다. 그리고 거북선이야말로 바다에서 적선과 싸울 때 승리를 이끌어낼 수 있는 좋은 장비라면서, 보다 견고하고 교묘하게 만들어 만일의 사태에 대비해야 한다고 하였다. 비록 기록이 없어서 그 후에 거북선이 어떻게 활동하였는지를 알 수 없지만, 당시 거북선의 필요성은 절대적이었다.

섬나라인 일본은 예전에는 식량이 없어 살기가 힘들었다. 그리하여 쓰시마 · 큐슈 등 일본 변두리 섬의 주민들은 해적이 되어 우리 나라 연해안에 침입하여 약탈을 일삼았다. 이러한 현상은 고려 말 조선 초에 특히 심하였다. 왜구는 수영을 잘 하고 칼싸움에 능했다. 왜구는 우리 나라 배를 만나면 배 위로 기어 올라와서 크고 작은 칼을 휘두르며 수군들을 괴롭혔다. 이러한 왜구의 공격을 안전하게 막고 나아가 그들이 탄 배를 어떻게 물리치느냐 하는 것이 당시 수군의 큰 과제였고, 그 결과 제작된 것이 거북선이었다. 거북선의 활동에 의해서였는지는 알 수 없지만, 태종 때를 전후하여 왜구의 활동은 잠잠해졌다.

이러한 배 만듦새의 전통을 이어 이순신 장군은 거북선으로 일본군을 대적하고자 한 것이다. 그는 나대용에게 지시하여 기존의 판옥선에 덮개 · 화포 · 용머리 등을 꾸며 거북선을 만들었다. 즉 이순신 장군은 일본인들의 싸움 기술을 파악하고, 그들을 제어하기 위해서는 안전하고

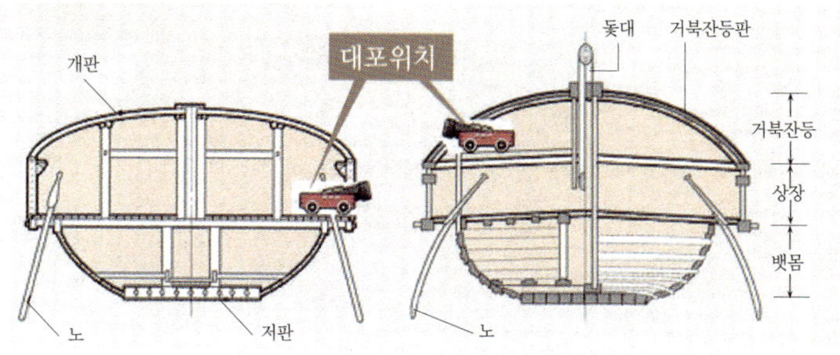

거북선의 단면도
거북선의 구조에 대하여는 종래 김재근 교수가 노와 포가 같은 층에 있는 2층 구조를 주장하여 통용되었으나(왼쪽), 최근 장학근 박사는 전술상 노와 포가 다른 층에 있는 3층 구조로 되어 있었다고 주장하고 있다(오른쪽).

도 강력한 화력의 돌격선이 필요하다고 여겼다. 그는 용머리의 입에서 불을 뿜게 하고, 등에는 쇠못을 꽂아 왜적이 쉽게 기어오르지 못하게 하였으며, 안에서는 밖을 볼 수 있어도 밖에서는 안을 들여다볼 수 없어서 마음 놓고 대포를 쏠 수 있는 거북선을 만들었던 것이다. 그 뒤에는 왜적과 싸울 기회가 거의 없어 거북선의 용도가 사라졌지만, 조선 말기까지도 판옥선을 거북선으로 꾸민 경우가 여러 차례 있었다.

장범선유 이명기, 조선 시대, 이화여자대학교박물관
고려 태조 왕건이 탔던 대형 선박 누선.

6. 맹선과 판옥선

신라, 고려 때의 싸움배

우리 조상들은 거북선에서 보듯이 필요에 따라서 배 만드는 법을 교묘하게 활용할 줄 알았다. 특히 바다를 통해 적이 침입할 가능성이 많았기 때문에, 우리 조상들은 아주 옛날부터 싸움배를 만들어 이에 대비하였다.

우리 역사에서 강력한 힘을 자랑하며 세력을 뻗기 시작한 것은 삼국시대부터였다. 고구려 · 백제 · 신라는 서로 협력하거나 견제하면서 강대 국가로 성장하였다. 힘의 기반은 군사력에 있었다. 삼국 중에서 가장 먼저 발전하였던 고구려는 광개토대왕 때에 특히 국력이 막강하여 널리 영토를 확장하였는데, 광개토대왕은 백제를 공격할 때는 몸소 수군을 거느리고 진격하였다. 이 때에 활약한 싸움배의 성능과 수효는 중국에서도 그 위용이 잘 알려져 있었다. 즉 『삼국지』에 나오는 오나라의 손권이 위나라를 치고자 고구려에게 싸움배를 동원해 주도록 요청한 사실이 그것을 말해 주고 있다.

백제 때는 싸움배의 활약이 더욱 두드러졌다. 서해와 남해를 끼고 있던 백제는 해상 활동을 활발히 전개하였는데, 4세기 후반에는 싸움배를 많이 만들고 수군을 증강시켜 중국의 요서 지방까지 진출하였고, 이어서 산둥 지방과 큐슈 지방에까지 그 힘을 자랑하였다. 신라에서도 일찍부터 싸움배를 갖추고 있었으니, 233년 조분왕 때 왜구가 경상도 영덕 부근에 쳐들어왔을 때 우로가 함대를 거느리고 포위, 화공을 가하여 적선을 모두 불태워 버린 일이 있었다.

이를 계기로 신라는 전함을 많이 만들어 외침에 대비하였고, 512년 지증왕 때는 이사부가 싸움배를 인솔, 동해 가운데 있던 우산국을 정벌하였다. 731년 성덕왕 때는 왜구가 3백여 척의 배로 쳐들어왔으나, 강력한 함대를 보유하고 있던 신라는 이를 무난히 격퇴하였다. 신라와 남북국의 형세를 이루고 있던 발해의 수군도 막강하여, 무왕 때는 장문휴가 싸움배를 거느리고 당나라의 산둥 지방을 공격한 바 있었다.

고려 시대에는 그 어느 때보다도 수군이 강성하였고, 배 만드는 기술도 우수하였다. 고려를 세운 왕건 자신이 뱃사람의 아들로서 배를 부리는 데 능숙하였으니, 자신이 보유하고 있던 장삿배를 싸움배로 개조하여 스스로 지휘관이 되어 5차에 걸쳐 지금의 나주를 공략, 백제를 곤경에 빠뜨렸다. 이 때 큰 배에서는 말을 타고 달렸다고 한다.

고려는 수차에 걸쳐 싸움배를 대대적으로 건조하여 여진족 · 몽고족 · 왜구 등의 침입을 물리쳤다. 현종 때는 뱃머리 이물비우에 철각을 붙여 적선을 공격하는 특수한 배를 만들기도 했고, 또 고려 말에는 뱃전에 작은 칼을 빈틈없이 꽂아 놓아 적병이 기어오르지 못하게 했다. 그리고 화포를 장비하여 적선을 불태우기도 했다. 1274년 원종 때는 900척의 싸움배를 만드는 조선 능력을 보이기도 했다. 당시 고려는 원나라와 연합하여 원종 15년(1274)과 충렬왕 7년(1281) 등 두 차례에 걸쳐 일본에 원정하였는데, 그때마다 대형 전선 300척, 쾌속선 300척, 기타 병선 300척 등 도합 900척씩을 건조했다고 한다.

이때 중국식 조선법으로 건조하자는 원나라 요구가 있었으나, 중국식으로 건조하게 되면 공기가 길어지고 공비도 더 소요되므로 고려 고유의 방법에 따라 서둘러 건조했다고 한다. 원종 15년 정월 15일부터 건조하기 시작해서 6월에 완공하였다고 하니, 6개월 만에 대형 선박 300척을 포함해서 900척의 전선을 만들어 낸 것이다. 그것도 한번에 끝난 것이 아니라 1281년도에도 똑같이 900척을 만들어 냈으니 우리 나라는 옛부터 대단한 조선 능력을 보유하고 있었다고 할 수 있다.

고려 말에는 왜구가 창궐하였으므로 왜구를 물리치기 위해서는 수군을 강화해야 했다. 우왕 때에 최무선은 100여 척의 싸움배를 거느리고 진포에서 왜선 500척을 격퇴하였고, 정지는 싸움배 47척으로써 왜선 120척을 추격해 관음포에서 크게 무찔렀다. 창왕 때는 박위가 병선 100척을 이끌고 쓰시마를 원정, 왜선 300척을 불태우기도 했다.

맹선의 활약

왜구는 조선 초기에도 계속 우리 나라 연해안을 노략질하였다. 그리하여 조선 왕조는 수군을 증강, 왜구의 침입에 대비하였고, 왜구의 본거지인 쓰시마를 소탕하기도 하였다. 건국 당시 조선 왕조가 보유한 싸움배는 412척이었는데 태종 때 165척이 더 만들어졌고, 세종 때는 200여 척이 더 건조되어 모두 829척의 싸움배가 전국 연해안에 배치되었다. 『세종실록지리지』에 의하면, 주로 서해안과 남해안에 집중적으로 배치되었는데, 충청도 연해안에 142척, 전라도 연해안에 165척, 경상도 연해안에 285척이 배치되어 해안 경비를 맡고 있었다. 이 때의 싸움배 종류는 대선 · 중선 · 병선 · 쾌선 · 맹선 · 별선 등 다양하였다.

세조 때에는 다양한 종류의 싸움배를 맹선 중심으로 정비하였다. 이

병선 규장각

때에 이르면 왜구의 활동도 약해져 싸움배의 쓰임이 적어지고, 대신에 왕권이 강화되면서 세곡 운송이 중요해져 운송선이 긴요했다. 그리하여 싸움배를 운송에도 겸용할 수 있도록 배의 모양새를 바꿨다. 이른바 병조선의 출현이다. 즉 싸움배를 맹선 중심으로 규격을 통일하여 737척의 맹선을 확보하였다. 80명의 군인이 승선하는 대맹선의 경우에는 800석의 세곡을 실을 수 있었는데, 맹선은 실제로 세곡을 운반하는 데 크게 이바지하였다.

맹선이 병조선이란 이름하에 세곡을 운반하는 데 주로 쓰이면서 구조도 개조되어 싸움배로서는 점차 쓸모가 없게 되어 갔다. 맹선의 구조는 본래 그리 크지 않았으나, 운송 물량이 많아지면서 커졌고, 또 멍에 · 갑판 등을 철거하여 사용하면서 그 격식이 고정되어서 왜구의 싸움배를 만나도 신속하게 대처하지 못하였다. 따라서 왜구들이 연안에 횡행하여도 속수무책이었다. 16세기에 들어서면서 부산포 등의 포구를 찾아 교역을 하던 일본인들이 교역 조건에 불만을 품고 소란을 피우기 시작하였다.

조선에서는 병조선, 즉 맹선으로 왜란을 진압하고자 하였으나 재빠르게 도망가는 왜선을 추적하기에는 역부족이었다. 그것은 병조선이 거대하고 둔중하였기 때문이다. 그리하여 국방이 더 중요하다고 여겨 맹선을 소형의 경쾌선으로 개조하기에 이르렀다. 소형의 경쾌선은 공격과 방어에 신속하게 대처할 수 있어서 전투에는 매우 유용하였으나, 반대로 조운에는 거의 소용이 없게 되었다. 그러나 이 시기에 이르면 사선이 세곡을 운송할 수 있었고, 또 하고자 하였다.

판옥선의 개발

임진왜란 때 주된 싸움배는 판옥선이었다. 판옥선이 개발된 것은 명종 때인 1555년이었다. 이 시기를 전후하여 그 동안 잠잠하던 왜구가 다시 말썽을 피우기 시작하였다. 그런데 종래 군함이었던 맹선은 왜적들을 물리치지 못하고, 오히려 쉽사리 불타 버렸다. 왜구의 싸움배는 작고 날렵하여 순식간에 공격하고 재빠르게 도망가는데, 조선의 싸움배는 크기만 하고 속도가 느려서 재빠르게 대처하지 못하였던 것이다.

이러한 방비의 허점이 있다는 것을 알고 조정에서는 왜선에 대응하기 위해 1510년 삼포왜란 이후에 맹선을 소형의 경쾌선으로 개조하였다.

경쾌선은 10명 이내의 사람이 승선하여 신속성이 돋보였는데, 이름을 비거도선이라고도 하였다. 그러나 일본이 한반도에 대하여 본격적으로 침략의 야욕을 보이면서 그들의 싸움배는 규모가 점차 커지고 장비도 개량되어 경쾌선과 같은 작은 배로써는 상대할 수가 없게 되었다.

이러한 상황에서 연해안에 표류한 중국 배의 모습을 보게 되었다. 그 배는 갑판의 사면을 모두 판대기로 둘러싸서 집을 만들었는데, 그 안에 1백여 명이 기거할 수 있었고, 외부에서 화살이 날아와도 안전하였다. 여기에 착안하여 새로운 배를 건조하였으니, 판옥선이 그것이었다. 1555년(명종 10) 개발된 판옥선은 혁신적인 싸움배로서 배 모양이 참신하고 대포를 부리는 데도 편리하였다.

판옥선은 규모도 클 뿐만 아니라 오로지 전투를 위해 고안되었기 때문에 싸움배로서의 성능이 우수하여 임진왜란에서 큰 공을 세웠고, 조선 후기에도 주된 싸움배로 자리잡았다. 『각선도본』에는 판옥선의 모양새를 그림과 함께 자세히 설명하고 있다. 겉모양은 2층인데 1층은 뱃전이 7쪽의 삼판으로 무어 올렸고, 멍에를 걸고서 그 위에 귀틀을 짜고 겻집이라는 갑판을 깔았다. 2층은 멍에 뺄목 위에 신방도리를 걸고서 그 위에 기둥을 세워 널판을 깔아 상갑판을 만들고 가운데 다락을 꾸몄다. 이로 인하여 판옥선이라 불리었다.

이물비우에는 닻이, 고물 부위에는 키가 있고, 두 개의 돛대가 뉘어 있다. 배 밑의 길이는 90자, 한판의 너비는 18자 4치, 1층 갑판에서 2층 갑판 사이의 높이는 5자이다. 좌우 양쪽 뱃전의 멍에 뺄목에 큰 노가 9개씩 있으며, 고물 꼬리에는 난간이 없다. 종래의 싸움배인 맹선은 갑판이 하나여서 노를 젓는 옆에서 병사들이 난간에 기대어 싸웠으나, 판옥선은 갑판이 둘이어서 노를 젓는 사람들은 아래 갑판에서 외부에 노출되지 않

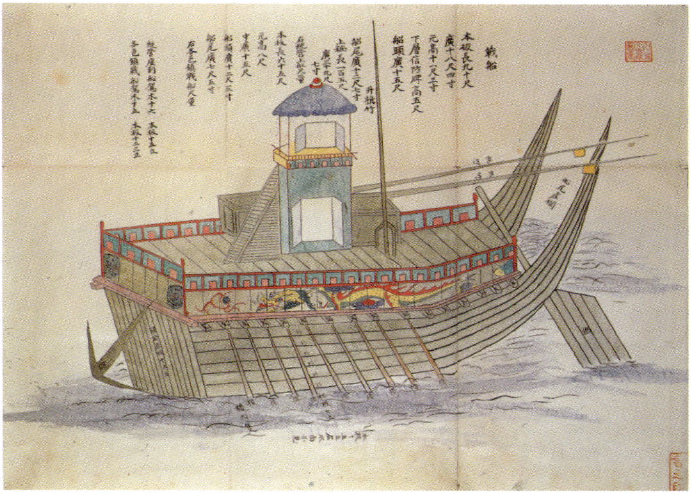

판옥선 규장각

고 안전하게 노를 저을 수 있어 기동력이 있었고, 병사들은 높고 넓은 위 갑판에서 자유롭게 화포와 화살을 쏠 수 있었다.

더구나 배가 높아서 적들이 배에 뛰어들기가 어려웠다. 거북선도 이 같은 판옥선을 개조해서 공격 능력을 보다 높인 싸움배였다. 조선 후기에 주로 활동한 싸움배에는 전선 · 방선 · 병선 등이 있었는데, 이들 배도 기본적으로는 판옥선의 모양새를 이었고, 특히 가장 큰 배인 전선은 판옥선을 이름만 바꾼 것이다.

임진왜란 이후에 일본에 새로 등장한 통치자는 조선 침략을 깊이 반성하면서 우호적 관계를 요청하여 서로 통신사를 보내는 등 친교를 다졌

판옥선 모형

판옥선

다. 바다에는 평화가 찾아들어 싸움배는 거의 할 일이 없어졌다. 그러나 19세기 중엽에 이양선이라고 하는 서양의 배가 우리 나라 연해에 자주 나타나 통상을 요구하며 위협하였다.

이양선이란 우리 나라 배와 모양이 다르다고 해서 일컫는 서양 배를 말한다. 그 배는 크기에서 우리 나라 배의 몇 배나 되었으며, 돛을 겹쳐서 여러 개 달았고, 노를 저어서 가는 것이 아니라 증기 기관에 의해 움직였다. 이들 이양선은 조선 사람들에게 두려움과 호기심을 느끼게 했다. 1787년(정조 11) 프랑스 함대가 제주도와 울릉도 부근을 측량하고 가더니, 1832년에는 영국의 암허스트 호가 황해도 몽금포 해안에 나타나 무역을 강요하였다.

1866년에는 천주교를 박해하였다고 해서 프랑스 해군 제독 로즈가 3척의 군함을 이끌고 한강을 거슬러 올라와 서울 부근까지 살피고 갔고, 곧이어 7척의 군함을 이끌고 강화도를 점령했다. 같은 해 미국의 상선 제너럴 셔먼 호가 대동강을 거슬러 올라와 평양에서 통상을 요구하다가 주민들에 의해 불태워진 사건이 있었다. 이를 보복하고자 미국은 군함 5척을 보내 강화도를 침략하였다. 이러한 이양선의 접근에 대하여 우리나라에서는 양헌수 · 어재연 등이 이끄는 해안 경비대가 온 힘을 다하여 격퇴시켰다. 그러나 우리의 싸움배는 이 때 별로 제구실을 하지 못하였다. 서양의 싸움배에 대적하기에는 너무도 허약하였기 때문이다.

군함을 만들고, 배를 수출하는 대한민국

문호를 개방하여 근대 문물을 받아들이면서 정부는 배도 서양의 배와 같이 크고 튼튼하게 만들고자 하였다. 먼저 서양의 기선들을 빌리거나 구입하여 운행해 보면서 그 성능을 살폈다. 그 우수함이 드러나면서 우리 나라도 서양과 같은 배를 만들려고 하였다. 특히 강력한 싸움배를 만들어 국방을 튼튼히 하고자 했다.

그러나 서양 배를 만들거나 구입하려면 막대한 비용이 들었는데, 당시 나라의 살림살이는 매우 어려웠다. 더구나 조선을 차지하려고 호시탐탐 노리는 제국주의 열강들은 배 만드는 기술을 가르쳐 주지 않았고 싸움배의 경우에는 더욱 그러하였다. 한말 군함이 세계를 지배하던 때에 우리 나라는 제대로 된 군함 한 척 만들지 못하였다.

우리 나라 근대식 군함의 효시로는 1903년 인천항에 닻을 내린 '양무호(揚武號)'와 그 이듬해 서해안 경비를 위해 만들어진 '광제호(光濟號)'를 꼽을 수 있다. 이들은 그 성능이 뛰어나지는 않았지만, 1910년까지 태극기를 휘날리며 연해안을 경비하였다. 그나마도 일본의 간섭과 지배를 받게 되면서는 스스로를 지킬 수 있는 어떠한 대책도 마련하지 못했다.

우리 나라에서 자체적으로 기선을 제작한 것은 해방 이후였다. 1929년 경상도 방어진에 근대식 조선소가 처음으로 설립되었으나, 한국인은 기술을 배울 기회가 없었고 노동자로서만 참여했을 뿐이다. 그 후 일본 굴지의 재벌 미쓰비시가 1937년 부산에 조선중공업주식회사를 설립하여 연간 평균 5만 톤의 선박을 건조하였으나, 한국인은 역시 조선 기술과는 거리가 멀었다.

1945년 8월, 해방이 되어 부산 조선소를 우리가 인수하였으나, 기술이 없던 우리로서는 공장을 거의 운휴 상태로 방치할 수밖에 없었다. 그러다가 1950년 1월 대한조선공사가 설립되어 부족하나마 우리의 기술로 100톤급에서 200톤급의 해난 구조선, 예인선, 세관 감시선, 화물선, 여객선 등을 건조하게 되었다.

조선 활동이 활성화되면서 1964년 순수 우리 기술로 1,600톤급의 화물선 신양호 · 동양호가 건조되었고, 1972년 5월에는 1만8천톤급의 강판선 코리아호를 부산에서 진수케 하였다.

1980년대 초 정부는 현대그룹으로 하여금 울산 미포에 50만톤급의 선박을 건조할 수 있는 조선소를 건립하게 하였다. 이후 삼성그룹, 대우그룹, 한진그룹도 조선 사업에 참여하면서 그야말로 대한민국은 조선입국의 기치를 5대양에 휘날리게 되었다. 1974년 2월 26만톤급의 초대

광개토대왕함

유조선

형 유조선 애틀랜틱 배런호를 건조하였으며, 1996년 10월에는 286명의 군인이 승선하고 함포, 미사일 어뢰를 탑재한 3,200톤급의 구축함 광개토대왕함을 건조하였다. 이듬해에는 을지문덕함을 선보였다.

대한민국의 조선업은 급성장하여, 이미 1970년대에 세계 10대 조선국으로 도약하였고, 1980년대에는 세계에서 다섯 번째 안에 드는 배 수출국이 되었다. 드디어 1993년에는 지금까지 세계에서 제1의 조선 왕국이라고 뽐내던 일본을 물리치고, 배를 가장 많이 건조하고 수출하는 나라가 되었다. 이러한 결과는 어떤 이유에서일까?

한마디로 그것은 우리 조상들이 일찍부터 배를 사용했고, 꾸준히 기술을 연마하여 온 창조의 힘과 개척의 정신에 그 이유가 있다고 하겠다.

찾아보기

참고문헌

강만길 「이조 조선사」, 『한국문화사대계』 3집, 민족문화연구소, 1968.12.
– 「경강상인연구」, 『아세아연구』 14-2호, 아세아문제연구소, 1971.12.
고동환 『조선후기 서울상업발달사 연구』, 지식산업사, 1998.
– 「18,19세기 외방포구의 상품유통발달」, 『한국사론』 13집, 서울대 국사학과, 1985.8.
– 「조선후기 선상활동과 포구간 상품유통양상」, 『한국문화』 14집, 한국문화연구소, 1993. 12.
김용한 「신안해저인양침몰선의 복원연구」, 『해사연구』 4권 1호, 1995.
김재근 『조선왕조 군선연구』, 일조각, 1977.
– 『한국 선박사 연구』, 한국문화연구소, 1984.
– 『우리 배의 역사』, 서울대 출판부, 1989.
– 「구선의 조선학적 고찰」, 『학술원논문집 - 인문사회과학편』 13집, 학술원, 1974.9.
– 「판옥선고」, 『한국사론』 3집, 서울대 국사학과, 1976.8.
– 「완도 해저발굴선의 선체구조」, 『학술원논문집 - 인문사회과학편』 25집, 학술원, 1986.
김호종 「조선후기 어염의 유통실태」, 『대구사학』 31집, 대구사학회, 1986. 12.
박상진 『역사가 새겨진 나무 이야기』, 김영사, 2004.3.
박흥수 「이조 척도에 관한 연구」,『대동문화연구』 4집, 대동문화연구원, 1967.
서 긍 『고려도경』 권33, 아세아문화사 영인, 1972.4.
이영학 「조선후기 어업에 대한 연구」, 『역사와 현실』 제35호, 한국역사연구회, 2003.3.
이원식 『한국의 배』, 대원사, 1990.

이현종 「경강 진 · 도선에 대하여」, 『향토서울』 27집, 서울시사편찬위원회, 1966.12.

신재호 「임진왜란 한일 수군함선」, http://www.warfog.net/books/wave/waveappe/ships

심유택 「우리 배의 역사」, http://www.kmprc.or.kr/book/2001_Summer

장학근 「전장환경과 거북선 선형변화」, 『군사』, 51호, 국방군사연구소, 2004.5.

– 「우리 역사 속의 군함」, http://www.chemmate.com/news/c6.htm

최승순 외 『인제 뗏목』, 강원대학교 박물관, 1986.3.

최영희 「구선고」, 『사총』 3집, 고려대 사학회, 1958.12.

최완기 『조선후기 선운업사연구』, 일조각, 1989.

– 『배무이』, 보림, 1996.

– 「고려조의 세곡운송」, 『한국사연구』 34집, 한국사연구회, 1981.9.

– 「조선초기 조운시고」, 『백산학보』 20집, 백산학회, 1976.12.

– 「조선후기 지토선의 유형과 그 성격」, 『최영희화갑기념한국사학논총』, 탐구당, 1987.12.

– 「조선후기 경강선의 기능과 역량」, 『향토서울』 45집, 서울시사편찬위원회, 1988.12.

– 「조선후기 강경포구에서의 선상활동」, 『역사교육』 79집, 역사교육연구회, 2001.9.

최 완 기

1945년 5월 경기도 하남 출생.

현재 이화여자대학교 사회생활학과에서 한국사 및 역사교육론을 가르치고 있다.

서울대학교 · 고려대학교에서 역사학을 연찬하였으며,

역사교육연구회 · 한국사학회 등 학회 발전에 이바지하였다.

저서

『조선후기 선운업사 연구』(일조각, 1989)

『한국 성리학의 맥』(느티나무, 1989)

『한국의 서원』(대원사, 1991)

『배무이』(보림, 1996)

『테마로 읽는 조선의 역사』(느티나무, 1997)

『하루를 살아도 꿈을 찾는 조선 사람들』(느티나무, 2004)

『역사의 갈림길에서 고뇌하는 조선 사람들』(이화여대출판부, 2004)

『한국의 전통교육』(이화여대출판부, 2005)

이화여자대학교출판부 기획 시리즈

'우리 문화의 뿌리를 찾아서'

1. 한국사 입문 : 신형식 지음
2. 전통 한복의 멋 – 노리개 : 이경자 지음
3. 한국의 지붕 · 선 : 임석재 지음
4. 한국의 창 · 문 : 임석재 지음
5. 한국의 돌 · 담 · 길 : 임석재 지음
6. 한국의 전통 공간 : 임석재 지음
7. 한국의 꽃살 · 기둥 · 누각 : 임석재 지음
8. 우리춤 : 김말복 지음
9. 한국 고전여성작가의 시세계 : 이혜순 지음
10. 한국의 탈춤 : 조동일 지음
11. 한국의 전통 교육 : 최완기 지음
12. 한국의 풍속 – 민간 신앙 : 최준식 지음
13. 한국의 화폐 : 원유한 지음
14. 한국의 도기 : 나선화 지음
15. 한국의 전통 선박 – 한선(韓船) : 최완기 지음
16. 한국의 여행 문학 : 김태준 지음

근간

한국의 소반 : 배만실 지음

한국의 전통 시장 : 정승모 지음

조선 상류 주택의 내부 공간과 가구 : 최상헌 지음

한국의 전통 선박 한선(韓船)

펴낸날 1판 1쇄 2006년 3월 10일 _ **지은이** 최완기 _ **펴낸이** 김용숙 _ **펴낸곳** 이화여자대학교출판부
주소 서울특별시 서대문구 대현동 11-1 (120-750) _ **등록** 1954년 7월 6일 제9-61호
전화 02-3277-3163, 3242(편집부) 02-3277-3164, 362-6076(영업부) _ **팩스** 02-312-4312
e-mail press@ewha.ac.kr _ **인터넷서점** http://www.ewhapress.com
편집 책임 정경임 _ **디자인** GNA Communications _ **찍은곳** (주)문성원색

값 12,000원
ISBN 89-7300-678-9 04500
ISBN 89-7300-602-9 (세트)

* 잘못된 책은 바꾸어 드립니다.